Switzerland

最完美的瑞士之旅 ②

私美景、必玩地，一次把瑞士完整收進

Preface
前言

*《Book1》*與*《Book2》*的十大亮點，缺一不可！

《最完美的瑞士之旅 BOOK1》全書有 370 多頁，不少人覺得那是本厚重的書，出乎意外地竟然有讀者帶著它去瑞士旅行，真的令我們很感動！然後，《最完美的瑞士之旅 BOOK2》則大幅跳到 600 頁，感覺自己好像完成了一部長篇的瑞士遊記，雖然有一種精疲力盡的虛脫感，但也有一種無比滿足的實在感。

讀者問我，《BOOK2》與《BOOK1》的差別？買了《BOOK1》、需要買《BOOK2》嗎？只買《BOOK2》而不買《BOOK1》，可以嗎？

兩位作者以不同方式表達自己在各處旅行的感受

首先，《最完美的瑞士之旅》系列不是一般旅遊工具書，我們兩人一直專注於發表以文字、繪畫及攝影為主的不同國家旅遊作品，我扮演著文字工作者，以文章來記錄自己的心情和景象，JACKMAN 則扮演插畫及攝影師，用畫筆和鏡頭來表達自己看到的風景和人物；簡單而言，我們兩人就是以不同方式表達自己在各處旅行的感受。字裡行間除了分享所見所聞，實用的旅遊資料及建議也有詳盡記錄，大概這就是《BOOK1》與《BOOK2》的最大共通點。

《Book1》與《Book2》的 12 個瑞士旅遊地區

而兩者之大不同，先從城鎮來看，如果心儀地方是蘇黎世（ZURICH）、琉森湖區（LAKE LUZERN REGION）、盧加諾（LUGANO）、庫爾（CHUR）、馬特洪峰地區（MATTERHORN REGION）、日內瓦湖區（LAKE GENEVA REGION）以及少女峰地區（JUNGFRAU REGION）的話，便要拿起《BOOK1》！

《BOOK2》包含琉森（LUCERNE）及英格堡阿爾卑斯山區（ENGELBERG REGION）、阿彭策爾鎮（APPENZELL）、達佛斯（DAVOS）、聖莫里茲（ST. MORITZ）、薩斯斐（SAAS-FEE）和少女峰地區（JUNGFRAU REGION）。

三大亮點的《Book1》

再深入一點來看，《BOOK1》有三大亮點，就是瑞士著名觀光列車、坐船遊覽三大湖泊、瑞士兩大知名高山旅遊區（馬特洪峰地區與少女峰地區）。

若要了解伯連納快線（BERNINA EXPRESS）、冰河列車（GLACIER EXPRESS）、黃金快線（GOLDENPASS LINE）及巧克力列車（CHOLOATE TRAIN）等，就是《BOOK1》；若要了解琉森湖、盧加諾湖及日內瓦湖的風光、蒸汽遊船與沿途景點，也是《BOOK1》；若要了解瑞士名峰中外形最突出的馬特洪峰，尤其是住在山下小鎮策馬特，在清晨五時摸黑出發，坐上比首班更早的「日出列車」，登山去看「黃金日出倒影在湖泊上」的珍貴動人畫面，更非要閱讀《BOOK1》不可！

另外要強調，以上各個精彩內容，通通不會重覆出現在《BOOK2》。

七大亮點的《Book2》

經過一年的光景後，我們不止對瑞士認識更多、視野更廣闊，在欣賞美景之間，也對當地環境多了一份感觸、關懷與體悟。

（一）「健行」是書中靈魂之最

《BOOK1》已經詳細講解瑞士全國統一的健行路線系統，來到《BOOK2》，「健行」扮演著整本書的靈魂，全書六年數十個觀景區都會利用官方地圖詳盡分析經典受歡迎的健行路線，主題從森林、雪山、冰川、湖景、動物，程度從闔家同行到高難度，「健行」貫穿了整本書！

（二）　英格堡阿爾卑斯山區兩天深度之行

　　一般旅客每天只走兩、三小時的健行路線，最多五、六個小時，這次我們還規劃了一連兩天的英格堡阿爾卑斯山區深度之行，英格堡鎮在哪裡？就是琉森三大名山：鐵力士山的所在地。在對的時候、在對的天氣、在對的角度，就可以看到雪峰倒映在清澈湖面上的動人景色，兩天深度之行全長接近 20 公里，在群山之間尋尋覓覓去造訪四個幽靜山中湖！

（三）山頂旅館獨特幽靜的住宿體驗

　　一般來說，旅客都會選擇住在城鎮裡，這次我們遠離熱鬧的住宿環境，入住充滿特色的山頂旅館（Mountain Hotel），分別是特呂布湖博格旅館（第一章）、Berggasthaus Mostelberg（第二章），以及福爾山旅館（終章），來了三趟不一樣的住宿體驗。

（四）　走入瑞士的特色傳統

　　阿彭策爾離琉森不遠，對瑞士傳統有興趣的旅客，都不會錯過這條質樸又美麗的小鎮。鎮上的瑞士傳統很著名，村民至今還保留著久遠的風俗習慣與節日，繽紛的古老木房子、精緻的鑄鐵招牌、傳統服飾、阿彭策爾起司、阿彭策爾啤酒，以及一年一度露天公投等等，都充份反應出瑞士傳統的特色。

（五）五小時翻山越嶺、橫越兩道瑞士冰河

　　冰川健行就在聖莫里茲，這是一趟實實在在地走在萬年冰河上的特別旅程，親眼看到、還要跳躍深不見底的冰川裂縫，全程總共下切超過 1118 公尺高度，超過五小時，中間只有約 20 分鐘的午餐，其餘都是在冰川上一直走、一直攀爬、一直走、一直攀爬！

（六）少女峰地區別冊

　　只因少女峰地區真的是一片相當廣大的山區，這次先以「完全攻略：一次認識少女峰地區的全部觀景區」及「完全攻略：一次認識少女峰地區的六大健行推薦路線」，讓大家從主要觀景區及 76 條健行路線，對整個區域建立初步認識，然後山谷小鎮及周邊的重要景點也逐一分享，甚至還玩了雙人飛行傘，在半空中欣賞瑞士第二最高的瀑布……內容實在太豐富，因而獨立成為一本別冊，方便大家只需攜帶別冊就可輕裝出發！

（七）終極景色

　　最後六篇文章，是旅程的最後兩天，也是全書的最後高潮。第一天早上先用三小時完成「艾格峰步道」，那是走在雄偉的艾格峰北壁之下，它因曾奪走多條人命被列為「世界三大北壁」；下午又花三小時爬行在絕對上坡路，在傍晚時終踏上一所仍維持百多年前模樣的古老山頂旅館，住宿一夜就是要觀賞 360 度少女峰地區的日出與日落終極景色！

　　簡而言之，《BOOK1》與《BOOK2》總數 1000 頁、結合十大亮點的精彩澎湃內容，就是成就你心中「最完美的瑞士之旅」不可或缺的好讀物！

目錄

Chapter 1
琉森及英格堡阿爾卑斯山區 Lucerne & Engelberg Region

Chapter 2
從中部移動至東部的豐富旅遊線 From Central to Eastern

Chapter 3
達佛斯 Davos

Chapter 4
聖莫里茲 St. Moritz

Chapter 5
薩斯斐 Saas-Fee

別冊

少女峰地區 Jungfrau Region

微笑著再往人間仙境

飛機緩緩地在蘇黎世的淡淡藍色天空裡下降，窗外開始上映著城鎮景色，依然美麗，喚起去年旅遊瑞士的段段記憶，每當回味，一抹的微笑便自然地浮現。

在《最完美的瑞士之旅》的開頭，我們是這樣寫的⋯⋯

「人間仙境」是怎樣的？「很美、很漂亮。」「如何美？」「太抽象、很難說⋯⋯」還沒去瑞士前，無法詮釋這四個字，當置身於瑞士的湖泊與雪峰，凝視著波光粼粼的湛藍湖水、皚皚雪山的旖旎風光，大腦自動浮現了「人間仙境」這四字詞⋯⋯面對瑞士的絕美迷人，你會詫異——由凡間通往仙境，竟簡單得如此不簡單。

一年後，我們再度出發，也帶著剛剛完成的新書，這是第一次能夠拿著自己的作品，跟當地人分享「屬於他們」的故事、畫作及照片，感覺這次旅程彷彿多了一項「特別任務」。在下機時，來回幾次細味這段文字後，深深覺得由凡間通往仙境，真的就是這麼簡單得如此不簡單，人間仙境第二回開始！

再去瑞士之理由（一）：發掘更多寧靜優美的雪山城鎮

對於第一次踏足瑞士的朋友，《最完美的瑞士之旅》中的景點、雪山、湖泊及觀光列車，都很經典熱門，瑞士兩個最著名山峰地區——馬特洪峰地區（MATTERHORN REGION）及少女峰地區（JUNGFRAU REGION），更是魅力非凡，吸引著無數來自世界各地的遊人來朝聖。

可是，瑞士豈止這些？

馬特洪峰 Matterhorn

山峰外形獨特，是最具代表性的瑞士名峰之一。本頁及後頁的畫繪於上一回旅程，均是五湖健行路線（5-Seenweg）的沿途景色。

馬特洪峰區的五湖路線

策馬特（ZERMATT）是最接近馬特洪峰的山谷小鎮，周邊共有三大觀景線：A路線：GORNERGRAT，B路線：MATTERHORN GLACIER PARADISE 以及C路線：ROTHORN。

在C路線中，有一條五湖健行路線（5-SEENWEG，SEE是德語湖泊的意思），會探訪五個大小不等的高山湖泊，本頁是最大的STELLISEE湖泊，在天氣晴朗又無風的日子，湖裡的倒影就能清楚顯現馬特洪峰的身影。

英格堡阿爾卑斯山區的四大湖泊深度之行

這次我們也介紹了另一條欣賞高山湖泊的健行路線，就在英格堡阿爾卑斯山區裡，那段屬於較少亞洲旅客涉足到的四大湖泊健行，是一趟需時至少六小時的深度之行，絕對是收穫滿滿。

群峰倒映在湖泊的完美景色，只有在「對的時間、對的天氣及對的角度」才會出現，加上高山的天氣瞬間變化，短暫展現的美景更顯珍貴。除了馬特洪峰區外，這回我們先後在不同的山區健行時，極為幸運地遇上了，將會逐一上映！

絕不下於一線城鎮的推薦地方

　　《最完美的瑞士之旅 2》是一本深度旅遊作品，幾個屬於一線、二線之間的城鎮或鄉村，如阿彭策爾鎮（Appenzell）、聖莫里茨（St. Moritz）、達佛斯（Davos）、薩斯斐（Saas-Fee），雖然名氣沒有少女峰地區或馬特洪峰地區那麼響亮，可是同樣擁有冰山雪嶺的瑰麗風光與廣袤平原的壯闊雄偉。

阿爾卑斯山之珠

　　其中，海拔 1800 公尺的山谷小鎮薩斯斐位於馬特洪峰地區附近，素有「阿爾卑斯山之珠」（Pearl of the Alps）美名，被多條冰河與 13 座四千公尺高山環抱，旅客在鎮上任何角落裡，都能以 360 度欣賞到被冰河與群峰近距離圍繞著的攝人景色。

　　這些地方的另一賣點是旅行團不多，沒有人潮，搭乘登山交通時不用排隊，喜歡寫意、自在地遊覽的旅客，必定愛上！所以，這幾個一線、二線的城鎮，特別適合第二、三…次去瑞士的旅客，可更深入發掘瑞士的另一面。話說過來，對於首次旅遊瑞士的旅客，這些城鎮也很適合，再重覆說一說，因為它們的景色絕不亞於任何一個一線城鎮！

Bernina Range
伯連納山脈

聖莫里茨，柯爾瓦奇峰 St. Moritz, Corvatsch

聖莫里茨是瑞士東邊的著名滑雪地區，附近有一座柯爾瓦奇峰（Piz Corvatsch，3451 公尺），旅客可乘坐纜車抵達山頂的瞭望台（3303 公尺），近在眼前由冰河及群峰組成的伯連納山脈馬上展現！

再去瑞士之理由（二）：瑞士高山行

「健行」，就是瑞士的代名詞！

沒有一個國家勝過瑞士更值得稱為「山之國」，阿爾卑斯群山佔去大部分面積，所以在瑞士旅遊，如果只登上山上的觀景台看看景色便直接下山，必定錯失很多，因為在那裡看到的只是冰山一角的美景！

實實在在的忠告，隱世的驚艷景色通通都藏在群峰之間的健行路途上，你非用雙腳去尋覓不可。

Saas-Fee
薩斯斐

這個國家絕大部分的高山觀景台，一定會
延伸出多條難度、景觀不一的健行路線，
挑一條，走出去吧！

一條又一條之後，保證你會上癮！

「健行」是整本書的靈魂

《最完美的瑞士之旅》已詳細分析過馬特洪峰地區及少女峰地區的健行路線,來到這本書,健行依然是書中的重點之中的重點,包含的範圍更廣闊。

你只要快速翻看整本書的畫作及照片,70%以上都來自我們在健行時真實所見。除了坐火車轉移城鎮外,我們幾乎天天都會健行數小時,所走的路線更多樣化,從森林、雪山、冰川、湖景、動物……程度包含初級至高難度,「健行」貫穿了整本書,《我們在瑞士高山之健行》其實是這本書的別名。

全國統一的健行路線牌,遍佈瑞士各個山頭。

完善的三種健行路線

瑞士的登山路線十分完備,建立全國統一標準,程度分為三種,由淺易至艱難有遠足路線(HIKING TRAILS)、登山路線(MOUNTAIN TRAILS)及阿爾卑斯路線(ALPINE TRAILS),顏色的標誌是黃色、白紅白及白藍白,十分清楚。

一起閱讀官方地圖

健行,就是瑞士人的生活,在山區、城鎮、火車站、登山交通站及旅遊局等都有免費的官方地圖,地圖上列明健行的資料。為了照顧外國旅客,當地旅遊局在眾多路線中,推薦大眾化路線,列明其主題,看山、看湖、看冰河、還是看動物、看植物,通通都有,程度以遠足路線及登山路線為主。在每一個地方的健行實踐篇中,我們會直接使用官方地圖來分析,這樣當你們去到當地時,便能輕鬆上手。

此外,以少女峰地區為例,當地旅遊局還貼心地設計及印製《少女峰地區健行資料》,在 76 條健行步道中列出六大熱門路線,稍後也會完整分享。

動用雙手雙腳攀上滑下的「白藍白」路線

至於「白藍白」的阿爾卑斯路線,不是一般人所能行走,途中不少路並不是「路」,需要動用雙手雙腳攀上滑下,難度甚高,旅遊局也不會推薦。

我們在專家指導下,完成了幾次「白藍白」的路線,第一次在馬特洪峰地區,第二次在薩斯斐,均十分難忘。再次強調,除非你是專業級的登山者,並了解地形,否則強烈建議不要挑選!

少女峰觀景台
Jungfraujoch

少女峰 **Jungfrau**

少女峰地區 Jungfrau Region

這是 33 號健行路線，從 Mannlichen 到 Kleine Scheidegg，全程走在平坦的下坡路，只需 1 小時 20 分鐘，是此山區中十分受歡迎的家庭路線。

看看照片，「交通壅塞」出現了！輕鬆易行之外，最大賣點是一路上少女峰就在前方，景色多麼吸引人啊！

好裝備，讓健行倍感安全

首先要有一雙防滑、防水、透氣的高性能的登山鞋，穿上它，就能安全平穩在崎嶇濕滑的山路或冰雪上前行。這次我們穿了一雙高筒的登山鞋，以應付這 20 天的登山之旅。無論面對大大小小的濕石或冰塊，抓力極強的鞋子真的幫上很大的忙。

此外，透氣快乾這功能也不能忽視，因為我們曾遇上連續兩小時下雨及意外地兩腳踏進溪河裡，防水好的鞋子也完全濕透，幸好回到房間後，將鞋帶解開，放在室外，第二天就大致被吹乾，才能如常地穿上繼續健行。

最常被忽視的裝備

好幾位登山專家跟我們說，很多外國旅客常常忽視雨衣的重要性，山上的天氣瞬息萬變，隨時會出現大雨，第二件必備物，就是雨衣或連帽的防水外套。至於登山杖，如果是長時間的健行，或走在陡峭難行的山路上，可用登山杖輔助來節省體力或平衡身體。

預算實際所需的健行時間

關於健行的時間，地圖上或健行指示牌通常會列出該段路所需時間，以個人經驗來說，假設建議時間為兩小時，那我們最好預估為 2.5 小時左右，因為「建議時間」是以瑞士人的健行標準，不休息不拍照且一直行走，而我們則要預留小憩及拍照的時間。

趕上最後下山的班次

如果路線的終點站是登山纜車站或公車站，就表示抵達後，還要搭上交通工具才能回到山下的小鎮，就要特別注意最後班次的時間，通常是下午 5 至 6 時左右，冬天時還會更早。趕不及的話，很有可能要再花兩小時以上才能走到山下的小鎮。

應急方法

因此事前要做好時間的規劃，並在車站留意時刻表。萬一忘記，還有一些應急方法，1.問人，最直接的方法；2.用手機上網查；3.留意健行指示牌，通常會掛有小牌子，列出附近下山交通工具的最後班次；4.加快腳步，在 5 點前走到車站便可以順利下山。

這兩張照片拍攝於在少女峰地區健行（First 與 Bachalpsee 之間）時，左邊的小屋是供旅客在中途休息或暫避惡劣天氣。圖中兩個白色圓圈中的小牌子，即為周邊交通工具的最後班次，提醒大家在那之前要抵達。

達佛斯 雅各布山 Davos, Jakobshorn

不料，在達佛斯的雅各布峰上有一條「白紅白」路線，
竟然我們要用上雙手雙腳攀爬上去……

再去瑞士之理由（三）：五小時的冰川之行，極震憾！

說到眾多健行路線中，最值得預告莫過於聖莫里茨的冰川健行（GLACIER HIKE），絕不是那種輕輕鬆鬆走在冰川上、拍拍照聽聽導覽的一小時體驗團，如果你是喜歡挑戰自己、豐富健行經驗的人，那就再適合不過！

從一條滿布冰雪的山路開始走下去

我們搭乘纜車登上 2978 公尺高的迪亞佛里拉觀景台（DIAVOLEZZA），同行還有來自各國的十多人，在一位冰川健行專家帶領下，從觀景台旁的小路開始，右頁的照片中便見到我們沿著一條非常陡斜山坡走下去，你能猜得出觀景台與照片中的目前位置其高度距離有多少公尺嗎？

迪亞佛里拉觀景台

一行十多人的冰川健行團，穿著黃色外套的是我們的領隊。

Diavolezza
迪亞佛里拉觀景台

翻山越嶺、橫越兩道瑞士冰河

　　抵達最下方，就是佩爾斯冰河，大家才真正地踏在冰川上。整趟冰川之行（標示 1 至 5）長達十公里，其間我們不時要保持高度的警惕，步步謹慎，不但需要跳躍過冰川裂縫，還要雙手雙腳並用攀上滑下高低起伏的山坡，才能走到莫爾特拉奇冰川的末端，成功克服高度差距一千公尺的冰川雪地。

　　一波接一波驚嚇的難行之路，面對與克服難關的決心，欣賞到的鬼斧神工般冰川世界的喜悅與感動，都是一世難忘！

1 迪亞佛里拉觀景台
Diavolezza

2

佩爾斯冰河
Pers Glacier

3

4

伯連納峰 **Piz Bernina**
（**4049** 公尺）

莫爾特拉奇冰河
Morteratsch Glacier

5

再去瑞士之理由（四）：住在山間旅館的特別一夜

一般來說，旅客都會選擇住在城市或小鎮裡的旅館，商店和餐廳林立，購物飲食都方便；不過這次我們遠離這種熱熱鬧鬧的住宿環境，入住充滿特色的山間旅館（MOUNTAIN HOTEL），來一趟不一樣的住宿體驗。

山間旅館之獨特幽靜的住宿體驗

每次搭上登山纜車去到某某山頭上或中途站的餐廳，便發現有些餐廳原來是與旅館連結在一起。這類山間旅館通常建於山崖的一角，周邊沒有任何房子，比人煙稀少更稀少。最令人嚮往的是在日落、深夜及日出時份，可以完完全全沉醉於高山的幽美，感受覆蓋整片山林的寂靜、看看黎明逐漸變白的天空、聞聞清晨樹木的氣味。

世界級經典步道

書中共分享了三間山間旅館，最後出場的一間最是精采，地點在少女峰地區的福爾山峰（FAULHORN）之頂，旅館 BERGHOTEL FAULHORN 享有 360 度完全沒有阻礙的景觀，是全書的終極美景。

不得不提另一項「賣點」，它並不是建在登山纜車站旁，想入住的旅客必須行走至少二至三小時的山路，而且最後半小時是陡斜的上坡路，才能辦理入住手續！

福爾山峰 Faulhorn

Berghotel Faulhorn 位於山峰之頂，有別一般山間旅館
旁邊設有交通工具，旅客要背著東西一步一步走上去。

福爾山峰 Faulhorn

　　建於 1830 年的 BERGHOTEL FAULHORN（2681 公尺），至今依然維持原來的樣子，可說是歐洲最古老的山頂旅館之一。在如此高山環境、又沒有交通工具連接，旅館所需要的飲用水、電力、食材等到底從何而來？

　　從這幅畫中知曉，這裡最大賣點之一，就是能觀賞到少女峰地區一字排開的群峰景色！

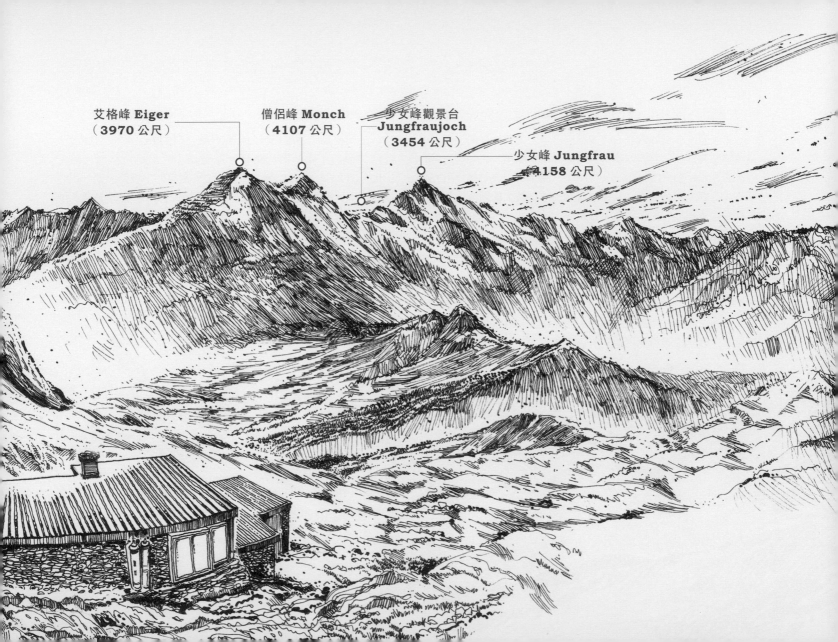

艾格峰 **Eiger**
（3970 公尺）

僧侶峰 **Monch**
（4107 公尺）

少女峰觀景台
Jungfraujoch
（3454 公尺）

少女峰 **Jungfrau**
（4158 公尺）

再去瑞士之理由（五）：少女峰地區之完整攻略

去年登上少女峰觀景台時，很感恩遇上天色極好的一天，可以清清楚楚、一望無際地觀賞到阿爾卑斯山脈第一大、第一長的阿萊奇冰川（ALETSCH GLACIER），很多人以為這樣便可完美結束少女峰地區的旅程，其實這區是一片很廣大的地方，值得深入探索的美麗地方遠超想像。

艾格峰、僧侶峰及少女峰，分別象徵怪物、出家人和處女，是整個山區最著名的景色之一，在哪一個觀景台可以觀看到三峰並排的風采？一看本頁的插畫便知曉，雪朗峰（SCHILTHORN）的山頂觀景區就是具代表性的地方之一。

此外，艾格峰與馬特洪峰的北壁同樣被列為世界級最險要山壁之二，歷年來吸引無數追求突破的高山攀登者，也同時發生不少的不幸死亡事件。

在艾格峰下面的艾格冰河車站（EIGERGLETSCHER），有兩條迥然不同的健行路線，左邊是「少女峰艾格峰之路」（JUNGFRAU EIGER WALK），輕鬆易走的下坡路，約一小時左右，十分適合大人小朋友，已收錄在前作中；至於右邊，便記錄於本書，稱為「艾格峰之路」（EIGER TRAIL），需時接近三小時，全程走在艾格峰的驚險北坡之下，遠眺韋特霍恩峰（WETTERHORN）和格羅雪德（GROSSE SCHEIDEGG）的丘陵起伏山嶺景色。

在上一本書錯過的地方，這次我們也補充上去，如此一來，便完成少女峰地區之完整攻略別冊。

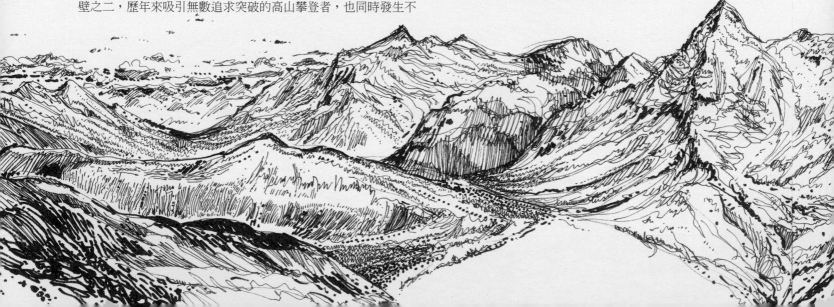

雪朗峰 Schilthorn

位於少女峰地區，與福爾山峰一樣可以看到動人的山脈全景，
但這裡的距離更接近，帶來近距離的震撼！
山頂上的旋轉餐廳，是龐德的電影 007 之「女王密使」
（On Her Majesty's Secret Service）的主要場地。

再去瑞士之理由（六）：在瑞士高空，飛吧！

照片拍攝於阿彭策爾地區（APPENZELLERLAND）的依本立山峰（EBENALP），山頂纜車站旁的山坡是熱門的滑翔傘場地。每一回抬頭見到有人在山谷之間或廣闊平原上高飛，心中必然引起無限的嚮往！

瑞士高山多，玩滑翔傘的人也特別多，很多遊客也愛玩雙人滑翔傘（PARAGLIDING）。這次我們也玩了！去年曾拿取一份雙人滑翔傘（PARAGLIDING）的宣傳單張，最激勵我們參加的是一張照片，有一位年紀老邁的婆婆也在玩，從此便烙印在腦海中！

我們選擇在少女峰地區體驗生平第一次的雙人滑翔傘，這項充滿刺激又能在高空欣賞到不一樣的風景活動，收費、事前準備、步驟……等都會詳盡分享。

依本立山峰的山頂纜車站。

Erica 與滑翔傘飛行員
在起飛前的自拍照。

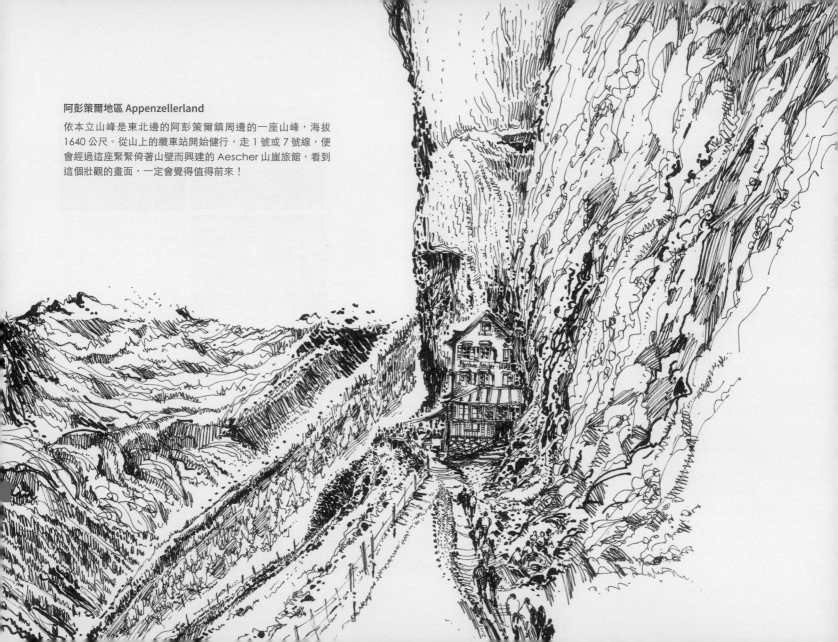

阿彭策爾地區 Appenzellerland

依本立山峰是東北邊的阿彭策爾鎮周邊的一座山峰，海拔1640 公尺。從山上的纜車站開始健行，走 1 號或 7 號線，便會經過這座緊緊倚著山壁而興建的 Aescher 山崖旅館，看到這個壯觀的畫面，一定會覺得值得前來！

從蘇黎世機場展開旅程

　　瑞士航空的直航機載我們來到蘇黎世國際機場，晚上出發，一覺醒來第二天清晨便已抵達，取回行李、步出機場也只是七點左右，瑞士的和暖晨光，柔柔地灑在我的臉頰，感到無限的期待。

　　橫過出境大廳外面的行車路，便進入多層的機場購物商場，這裡有瑞士兩大超市 COOP 和 MIGROS 的多間分店分布在不同樓層，其中一樓的 MIGROS 分店是重新裝橫，比以前擴大了兩倍，是機場內最大的一間，如果是從這裡離開瑞士，這間 MIGROS 會是掃貨的好地方。

預付的數據卡

　　手機使用的預付網路卡，可在 SWISSCOM 或 SUNRISE 這兩間瑞士電信公司辦理，這一層都可以找到，而且彼此相鄰。SWISSCOM 的預付卡稱為 NATEL EASY SMART PRE-PAID CARD，只要跟店員說要購買「PREPAID CARD FOR INTERNET」即可，並需提供當天住宿的地址及護照作登記。收費約 20 瑞郎，可使用十天，可用數據為 600MB，價錢合理，而且收訊很好，即使在高山健行時也暢順無阻。旅行時遇到的本地人多用 SWISSCOM，而我們也是捧場者。

　　這時候還沒到八點，只有小部分供應早餐的餐廳做生意，其他的則還未開始營業。SWISSCOM 或 SUNRISE 在主要火車站皆設有分店，旅客不用急於機場內辦理，在蘇黎世或琉森火車站都可買到。購物商場的最下層就是火車站，前往瑞士各大城市都可以在這裡搭乘。於是把握時間坐上火車出發，我們的第一站——琉森，班次密集，只需 50 分鐘。

左上：機場內的旅客中心
右上：Mirgros 超市
左：Sunrise 電信公司

Swisscom：www.swisscom.ch

Sunrise：www1.sunrise.ch

蘇黎世舊城 Zurich Old Town
林登霍夫山丘（Lindenhof）為羅馬時代的
關卡，目前還保留城牆遺跡，是眺望蘇黎世
舊城區的好地方。

Swiss Travel Pass 與
Swiss Travel Pass Flex 的使用攻略

接下來要談談瑞士旅行通票（SWISS TRAVEL PASS），如果你是在瑞士國境內不斷轉移城鎮，這張可免費任搭全國大部分的火車、巴士、遊船等多種公共交通工具，以及登山鐵道可享五折優惠的旅行通票很值得考慮，而且它不只是「交通通票」，還包括了免費進入整個瑞士 480 間博物館和展覽館，像書內提及的聖加侖（ST.GALLEN）最著名的修道院圖書館（ABBEY LIBRARY），被聯合國教科文組織列為世界文化遺產，門票是 12 瑞郎，持有通票的旅客便可免費進入。前述只是使用通票的大原則，還要注意以下的幾點：

Swiss Travel Pass

（一）超讚，16 歲以下的青少年兒童完全免費！

這絕對是規劃瑞士親子旅遊的天大喜訊，先仔細閱讀 SWISS TRAVEL PASS 的兩項應用範圍：

第一：持有瑞士家庭交通免費卡的 16 歲以下青少年兒童，在至少一名家長的陪同下可以免費旅行。

第二：6 歲以下兒童可以免費旅行，無需瑞士家庭交通免費卡。

意思就是，當家長購買 SWISS TRAVEL PASS 時，需要提出一張瑞士家庭交通免費卡（SWISS FAMILY CARD），同行的 16 歲以下青少年兒童便能享有與父母同等的優惠；而 6 歲以下兒童，家長更無需持有瑞士家庭交通免費卡。還有一項重點，就是可享免費的少年兒童人數是「沒有上限」！

（二）著名觀光列車，也可享免費！

伯連納快線（BERNINA EXPRESS）、冰河列車（GLACIER EXPRESS）及黃金快線（GOLDENPASS LINE）等多列觀光列車，持通票者可享免費。不過要特別留意冰河列車一定要事前訂位，一般乘客除了基本車資外，還要繳付額外一筆「強制性訂位費」，夏季為 33 瑞郎、冬季為 11 瑞郎；至於持 SWISS TRAVEL PASS 的旅客，亦要繳付「強制性訂位費」。（瑞士多條著名觀光鐵道的分享，可參考《最完美的瑞士之旅》。）

1. 常見的瑞士國鐵列車，分為上下兩層。2. 主要湖泊包括琉森湖、日內瓦湖、盧加諾湖等都有遊船，使用 Swiss Travel Pass 可免費搭乘。3. 被稱為「世界遺產列車」的伯連納快線行走義大利蒂拉諾（Tirano）→ 庫爾（Chur）。4. 冰河列車來往聖莫里茲（St. Moritz）→ 策馬特（Zermatt），有「全世界最慢的觀景列車」之美譽。

使用通票，可免費搭乘全國 70 多個城鎮的地區性公共交通，例如 1. 琉森市的公車及 2. 巴塞爾市的輕軌列車。3. 遇到查票時，出示通票即可。可免費搭乘的登山鐵道，分別是 4. 彼拉圖斯山登山鐵道、5. 施尼格普拉特鐵道及 6. 瑞吉山登山鐵道。

德國
Germany

沙夫豪森
Schaffhausen

法國
France

巴塞爾
Basel

聖加侖
St.Gallen

蘇黎世
Zurich

阿彭策爾
Appenzell

奧地利
Austria

瑞士 Switzerland

琉森
Lucerne

庫爾
Chur

達佛斯
Davos

蒙投
Montreux

少女峰地區
Jungfrau Region

日內瓦
Geneve

聖莫里茨
St. Moritz

法國
France

盧加諾
Lugano

義大利
Italy

薩斯斐
Saas-Fee

我們住宿的地點：

琉森地區 Luzern Region（4 天）、
阿彭策爾 Appenzell（2 天）、
達佛斯 Davos（3 天）、
聖莫里茨 St. Moritz（4 天）、
薩斯斐 Saas-Fee（4 天）、
少女峰地區 Jungfrau Region（4 天）
及巴塞爾 Basel（1 天），
共 22 個晚上。

●為上本書介紹的城鎮
●是這次介紹的城鎮

（三）登山鐵道的折扣範圍

半價：九成半以上的登山鐵道。

75 折：少女峰鐵道，由溫根（WENGEN）或格林德瓦（GRINDEWALD）開始，至少女峰車站（JUNGFRAUJOCH）。

免費：琉森區的皮拉圖斯山登山鐵道（PILATUS RAILWAY），為最新加入，從 2017 月 1 月開始加入；其餘還有琉森區的瑞吉山登山鐵道（RIGI RAILWAY）及少女峰地區的施尼格普拉特鐵道（SCHYNIGE PLATTE RAILWAY）。

（四）完全沒有折扣的登山鐵道

這次介紹的聖莫里茨、達佛斯、薩斯斐，多條非常熱門的登山鐵道竟然完全沒有折扣，不過無需擔心，只要入住當地旅館便可獲得旅遊卡，就能完全免費搭乘公共交通，還包含最昂貴的登山鐵道，實在太誘人了，詳細的內容請見後面。

（五）搭配地方性的通票

SWISS TRAVEL PASS 在少女峰地區只享有 75 折，發揮功能不大，所以不少人到那裡改用當地的少女峰通票（JUNGFRAU TRAVEL PASS），因為往終點少女峰車站這段路程較為昂貴的。關於少女峰通票，稍後會再詳談。

（六）郵政巴士

持通票者可免費搭乘大部份郵政巴士，黃色車身、喇叭型標誌的郵政巴士（POSTAUTO），為全國性的，行走於 400 個火車站和 1700 多個鄉鎮之間，像是沒有火車抵達的薩斯斐，旅客就需要在 VISP 火車站轉搭郵政巴士前往。

選用 Swiss Travel Pass Flex 的原因

SWISS TRAVEL PASS 與 SWISS TRAVEL PASS FLEX，兩者幾乎一樣，唯一的區別是價格，後者會貴一點點，因為使用時間可以不連續，在一個月內使用完即可。前面提過，聖莫里茨等三個城鎮都會贈送旅遊卡給住宿在當地旅遊的旅客，真的是大大減少交通費用壓力，因此無需使用通票，只有在城鎮間移動的日子，使用 SWISS TRAVEL PASS FLEX 便足夠。

瑞士旅行交通證（Swiss Travel Pass）

分為連續 3 天、4 天、8 天及 15 天，一票在手，可以任搭瑞士全國的鐵路、公路和水路；可免費在 75 個城鎮乘坐地區性的公共交通；此外，亦可免費參觀全國約 480 間博物館等；此外，絕大部分登山鐵路，亦可享有五折的優惠折扣。

一等票	3 天通票	4 天通票	8 天通票	15 天通票
26 歲以上	344 瑞郎	412 瑞郎	596 瑞郎	722 瑞郎
16 ～ 26 歲	293 瑞郎	351 瑞郎	509 瑞郎	617 瑞郎

二等票	3 天通票	4 天通票	8 天通票	15 天通票
26 歲以上	216 瑞郎	259 瑞郎	376 瑞郎	458 瑞郎
16 ～ 26 歲	185 瑞郎	221 瑞郎	322 瑞郎	393 瑞郎

備註：1.5 歲或以下兒童（不限人數），在持有有效票證的成人陪同下，可免費搭乘交通工具。 2.6 至未滿 16 歲兒童（不限人數），在最少一名家長陪同，且該名家長持有瑞士家庭交通免費卡，可免費乘搭交通工具。 3.6 至未滿 16 歲兒童，如無至少一名家長陪同，可半價購買瑞士交通系統票證。

彈性瑞士旅行交通證（Swiss Travel Pass Flex）

跟 SWISS TRAVEL PASS 幾乎一樣，唯一區別是價格和使用時間可以不連續，需要在一個月內使用完。

	二等票	一等票
1 個月任用 3 天：	248 瑞郎	396 瑞郎
1 個月任用 4 天：	298 瑞郎	474 瑞郎
1 個月任用 8 天：	420 瑞郎	667 瑞郎
1 個月任用 15 天：	502 瑞郎	793 瑞郎

1.觀光列車主要採用全景觀車廂，乘客可透過廣大玻璃窗觀賞景色，圖中是黃金快線，途經茵特拉肯東站（Interlaken OST），為少女峰山下的主要車站。
2.達佛斯的 Davos Klosters Card 及 3.薩斯斐的 Citizens' Pass，持卡旅客可免費搭乘登山鐵道等多種交通工具。4.黃色車身、喇叭型標誌的郵政巴士（PostAuto）。

如何使用通票？

1. 購買交通證：在本地專門販售歐洲鐵道車票的旅行社購買，在瑞士境內的火車站或機場，持護照直接購買，無需照片。

2. 如何開通：除了在票上填上個人、護照資料外，記得要填寫啟用日期。

3. 不用購票：一般情況下拿著通票就能直接上車或船了。至於半價或 75 折的地方，才需另外購票，出示通票即可獲得折扣。

4. 票證的有效範圍地圖：右頁為瑞士旅遊局的《瑞士交通地圖》，清楚列明哪些交通工具是免費（實色線條）、半價或 75 折（虛線）。

5. 查票：除了登山鐵路外，瑞士鐵路、公車、水路等都是開放式，上車前不用刷票券，查票都是在車上進行，如果沒有購票就上車的話，會被罰不少錢。

6. 填寫通票的完整資料：使用通票的旅客，向查票人員出示通票即可，有時會查看護照（我們曾遇過）；如發現未填好資料，則會當作無效而被罰錢。如使用 SWISS TRAVEL PASS FLEX，還要記得填寫使用的日子。

7. 出動頻繁的查票員：我們的經驗是，瑞士的查票員很勤勞，如列車在首站開車，他們很快便會出動查票，當到達第二站後有新乘客上車，馬上又會進行查票，很驚奇的是，查票員都會記得查過票的乘客，而且不會再打擾他們，每當有新乘客時又會出動。

SBB Mobile App ｜智慧型手機下載 SBB Mobile App，可以因應行程變動來查詢班次，方便又好用！

Area of validity
Geltungsbereich
Rayon de validité
Campo di validità

Version/Stand/État/Stato: 12.2016
Due to lack of space not all lines are indicated. Subject to change.
Aus Platzgründen sind nicht alle Linien angegeben. Änderungen vorbehalten.
Pour des raisons de place, toutes les lignes ne sont pas indiquées. Sous réserve de m
Per motivi di spazio, non tutte le linee sono presenti. Con riserva di modifiche.

Swiss Travel System's network of trains, buses and boats
Das Streckennetz des Swiss Travel System mit Bahn, Bus und Schiff
Le réseau Swiss Travel System de trains, cars et bateaux
La rete Swiss Travel System di treni, autobus e battelli

Railways	Cable cars
Bahnen	Seilbahnen
Trains	Remontées mécaniques
Ferrovie	Funivie, Funicolari
Buses	Boats
Autobusse	Schiffe
Cars	Bateaux
Autobus	Battelli

1:1.25 m

紅色：火車
黑色：登山鐵道
黃色：郵政巴士
白色：遊船

白色實線是免費的遊船路線。

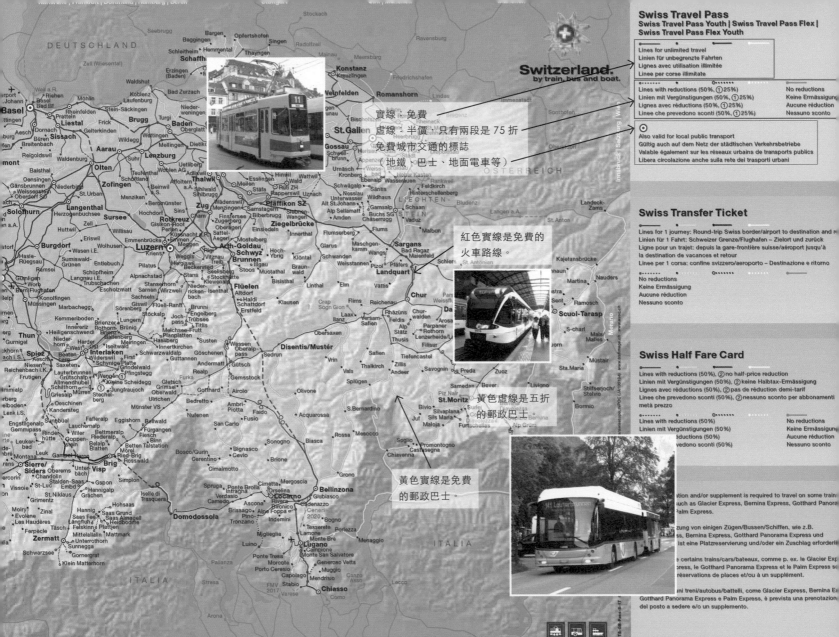

Switzerland.
by train, bus and boat.

Swiss Travel Pass
Swiss Travel Pass Youth | Swiss Travel Pass Flex | Swiss Travel Pass Flex Youth

Lines for unlimited travel Linien für unbegrenzte Fahrten Lignes avec utilisation illimitée Linee per corse illimitate	
Lines with reductions (50%, ①25%) Linien mit Vergünstigungen (50%, ①25%) Lignes avec réductions (50%, ①25%) Linee che prevedono sconti (50%, ①25%)	No reductions Keine Ermässigung Aucune réduction Nessuno sconto

◉ Also valid for local public transport
Gültig auch auf dem Netz der städtischen Verkehrsbetriebe
Valable également sur les réseaux urbains de transports publics
Libera circolazione anche sulla rete dei trasporti urbani

Swiss Transfer Ticket
Lines for 1 journey: Round-trip Swiss border/airport to destination and r
Linien für 1 Fahrt: Schweizer Grenze/Flughafen – Zielort und zurück
Ligne pour un trajet: depuis la gare-frontière suisse/aéroport jusqu'à la destination de vacances et retour
Linee per 1 corsa: confine svizzero/aeroporto – Destinazione e ritorno

No reductions
Keine Ermässigung
Aucune réduction
Nessuno sconto

Swiss Half Fare Card
Lines with reductions (50%), ②no half-price reduction
Linien mit Vergünstigungen (50%), ②keine Halbtax-Ermässigung
Lignes avec réductions (50%), ②pas de réduction demi-tarif
Linee che prevedono sconti (50%), ②nessuno sconto per abbonamenti metà prezzo

Lines with reductions (50%) Linien mit Vergünstigungen (50%) ...reductions (50%) ...vedono sconti (50%)	No reductions Keine Ermässigung Aucune réduction Nessuno sconto

...ation and/or supplement is required to travel on some train
...such as Glacier Express, Bernina Express, Gotthard Panora
...Palm Express.

...zung von einigen Zügen/Bussen/Schiffen, wie z.B.
...ss, Bernina Express, Gotthard Panorama Express und
...ist eine Platzreservierung und/oder ein Zuschlag erforderii

...e certains trains/cars/bateaux, comme p. ex. le Glacier Exp
...ress, le Gotthard Panorama Express et le Palm Express so
...réservations de places et/ou à un supplément.

...ni treni/autobus/battelli, come Glacier Express, Bernina E
Gotthard Panorama Express e Palm Express, è prevista una prenota
del posto a sedere e/o un supplemento.

實線：免費
虛線：半價，只有兩段是 75 折
免費城市交通的標誌
（地鐵、巴士、地面電車等）

紅色實線是免費的
火車路線。

黃色虛線是五折
的郵政巴士。

黃色實線是免費
的郵政巴士。

1

Lucerne & Engelberg Region
琉森及英格堡阿爾卑斯山區

Lucerne
琉森

再訪瑞士的最美城市

說到瑞士最美的城市，很多人馬上想起琉森。

琉森市有清澈的河流，面向靜謐的湖泊，又有雄偉的群山依畔，美麗多樣的自然景色讓人流連忘返，還有市內中世紀鵝卵石的舊城區也令人讚嘆不已。琉森擁有著瑞士風景畫冊上的所有元素，稱為「瑞士最美的城市」，真的當之無愧！

不到一小時便抵達

琉森市位於瑞士中心地帶，屬於德語區。從蘇黎世國際機場搭上火車，不到一小時便可抵達。話說上一代火車站在 1971 年被大火燒毀，只剩下前門遺跡，目前這個外觀相當現代化的新火車站，則是於 1991 年落成啟用。剩下來的舊火車站前門遺跡保存下來，成為地標之一，當大家由正門走出便可看到。

卡佩爾木橋（KAPELLBRUCKE）是琉森明信片上「永遠的主角」，遊人最愛在兩岸及木橋之間散步，木橋外側擺滿盛放的天竺葵。這條是全歐洲現存最古老的屋頂木橋，1300 年當時為了防禦而建造，歷時 **33 年才完成**，全長 204 公尺。

木橋外側擺滿盛放的天竺葵。

Kapellbrucke
卡佩爾木橋

坐蒸汽船遊覽湖泊的規劃要點

琉森火車站正前方的碼頭常聚集很多遊客，持有 SWISS TRAVEL PASS 可以免費上船，上船時無需出示，船開動後查票員才會開始查票；需要購票的人，可在船上購票，非常方便。對面岸還有一些碼頭，屬於其他遊船公司，不屬於 SWISS TRAVEL PASS 的使用範圍。

一條長程及四條短程的遊船航線

瑞士幾個著名湖泊的遊船，都是一年四季每天都運行，而琉森湖區共有 20 多個站，常規的航線大致分為一條長程及四條短程，單程為一至三個小時。無論哪一條航線，船駛出碼頭不久，記得留意你的右邊，皮拉圖斯山（PILATUS）也稱為「琉森的家山」，由於很接近琉森市，坐船就能欣賞到它的全貌。前往皮拉圖斯山，要在 ALPNACHSTAD 站下船；前往瑞吉山，則在 WEGGIS 站或 VITZNAU 站下船，都只需一個小時左右就能下船上山。

天朗氣清，就是搭船遊湖登山的好時機，大家紛紛出發。

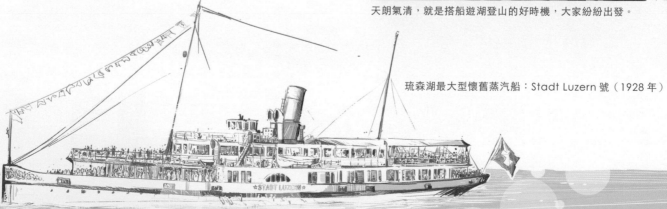

琉森湖最大型懷舊蒸汽船：Stadt Luzern 號（1928 年）

遊船出發不久,皮拉圖斯山就在右邊出現!

蒸汽船之中的明星

琉森湖有五條懷舊式用明輪推進的蒸汽船,STADT LUZERN 號是最大型,全長 63.5 公尺,寬度為 15.2 公尺,可載 1200 名乘客。歷史上,到訪琉森的名人政要都是搭乘這艘蒸汽船之中的明星。這旗艦遊船通常行走長程航線,有幸坐上、又是持頭等船票的你,記得留意上層的豪華餐廳 QUEENS SALON,命名源於 1980 年英國女王伊莉莎白二世曾經搭乘過。

舊城區的規劃要點

遊湖登山後,慢步舊城區就是最好的安排。在卡佩爾木橋旁邊,可進入舊城區的核心範圍,在漆上美麗壁畫的老舊房子之間穿梭,在精品店、藝廊及家品店之間挖寶,這裡的時光變得特別愉快、流逝得特別快,錢包也變得特別輕。

琉森湖夾在阿爾卑斯山的群峰之間,什麼景點也不去,單純坐船繞湖一圈,群嶺湖泊就足以讓你滿足不已。

Travel Note

琉森湖的特色遊船航線

常規之外,還有特色遊船航線,多以不同形式或菜式的美食為主題,但 Swiss Travel Pass 不適用。我們曾參加過 Sunset cruise,就是「觀賞日落景色+晚餐」的旅程,在品嚐美食與迷人日落之間渡過了一個美好的時光。

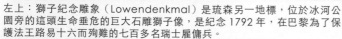

左上：獅子紀念雕象（Lowendenkmal）是琉森另一地標，位於冰河公園旁的這頭生命垂危的巨大石雕獅子像，是紀念 1792 年，在巴黎為了保護法王路易十六而殉難的七百多名瑞士雇傭兵。

右上：舊城區核心範圍是行人專區，不用地圖隨意也可逛逛。

右下：河畔有多間餐廳，挑一間坐下來，享用美味的下午茶吧。

以琉森市為據點，朝琉森湖擴展出去

　　遊覽琉森的重點，不只是琉森市，而是以琉森市為據點，朝琉森湖擴展出去。琉森市是琉森州（CANTON OF LUCERNE）的首府，琉森湖（LAKE LUCERNE）其實被四個州域包圍著，包括琉森州、烏里州（URI）、施維茨州（SCHWYZ）、及以前的翁特瓦爾湖（UNTERWAIDEN，即現在的上瓦爾登州（OBWALDEN）及下瓦爾登州（NIDWALDEN）），也因為這四個區域屬於中部的高原森林地帶，又合稱為「四森林州」，琉森湖也因此被稱為「四森林州湖」（VIERWALDSTATTERSEE）。

　　因此，一條經典琉森的觀光路線，規劃重點是落在琉森市及琉森近郊，大致分為三點：
　　1. 舊城區。
　　2. 坐蒸汽船遊覽湖泊。
　　3. 登上琉森三大名山：鐵力士山、皮拉圖斯山和瑞吉山。

　　這條「經典琉森的觀光路線」，我們去年已經完成，收穫滿滿，所以這次挑選了最精華部分和最新資訊來分享。理想的話，三個整天便能完成這條「經典琉森的觀光路線」，就是以三座名山為主軸，每天登上一座山峰為首要目標，享受山上的美景和健行後，餘下時間才放在市內的景點。

登上琉森三大名山的規劃要點

　　琉森三大名山如何排序呢？這是很難回答的問題，不過決定誰是第一位較為容易，較多旅客選擇鐵力士山（TITLIS），只因它是三座之中唯一一年四季都是雪山。從琉森搭火車到鐵力士山下的纜車站，不超過一小時，就是說如果清晨在蘇黎世機場下機，最快可於 11 點前踏上三千公尺高的鐵力士山峰，第一時間享受到瑞士雪峰之美景。

免費搭乘的登山鐵道

　　至於，皮拉圖斯山和瑞吉山（RIGI）的登山鐵道，只要持有 SWISS TRAVEL PASS 都可免費搭乘，前者從 2017 年 1 月開始，又增添另一種吸引力！前往這兩座山的山下登山鐵道站，則可以選擇坐船或其他陸路交通前往。

琉森湖懷舊蒸汽船：Unterwalden 號（1902 年）

琉森近郊的深度之旅

　　至於我們再來琉森的行程，第一天比較輕鬆，因為長途的飛行加上時差，便決定前往皮拉圖斯山，黃昏在舊城區逛一逛便回旅館休息。去年在皮拉圖斯山遇上濃霧，看不到完整的景色也沒有健行，於是決定這次再走一趟。

在山間旅館住宿一晚

　　第二天開始，天天都是累透又精采的旅程。登上鐵力士山頂是經典路線，這回深度之行的重點是我們搭纜車不只登上山頂，還會在中途下車，在山谷中健行數小時，抵達山間旅館住宿一晚，這就是一開始所提及的特別山間住宿體驗。

七小時的長途健行

　　第三天早上，告別山間旅館，沒有立即下山，而是展開七小時的長途健行，遠離鐵力士山，途經多個隱藏在高山之間的寧靜湖泊，最後走到距離鐵力士山不知道多少山頭的纜車站，才終於下山再轉乘火車。

　　回到琉森市，已是黃昏之時，極為幸運，剛步出火車站便遇上夢幻畫面，累極的我們立刻振奮起來，DOUBLE RAINBOW就在一片淡藍色天空裡展現出來，路上的人紛紛舉頭欣賞，驚歎不已。低頭望著河邊的天鵝，在日落光輝下閃閃發亮，彷彿變成神話中的仙物。

Pilatus
皮拉圖斯山

坐上全世界最陡的齒軌火車登上龍之山

皮拉圖斯山（PILATUS）的圖騰是一條紅色飛龍，因為自古以來，山上有多個飛龍傳說廣泛流傳下來，去年我們在山上當然沒有遇上飛龍，卻遇上雲霧繚繞，無法健行而留下一點點遺憾，因而造就二訪之行。事實上此山豈只是依靠幾個飛龍傳說來吸引旅客，這處還有世界最陡的齒軌火車，為旅客帶來在其他地方找不到的鐵道體驗。

兩段纜車｜先坐可載 50 人大型登山纜車至阿爾納斯特站，再換乘第二段四人的纜車，抵達山腳的克林斯，最後坐公車回到市內。

先說一下，前往此山峰的登山交通共有兩處，分別到達阿爾納斯特（ALPNACHSTAD）及克林斯（KRIENS），旅客可以從阿爾納斯特上山，不走回頭路，從另一方向下山至克林斯，欣賞不一樣的景色，相反亦然。

50 人大型登山纜車。

金色環遊

最出名的路線，就是金色環遊（THE GOLDEN ROUTE TRIP），以琉森碼頭為起點，第一步，搭上遊船飽覽湖泊風情，在阿爾納斯特站下船；第二步，坐上全世界最陡的齒軌火車緩緩登頂；第三步，在山上觀賞後搭兩段纜車下山到克林斯，最後搭 1 號公車返回琉森市內。

夏天是旺季

這條路線集合了坐船、登山齒軌火車、兩段纜車及公車，是熱門交通體驗，夏季時人也最多，因為登山齒軌火車只在夏天行駛，冬天時唯一登山交通工具只有纜車。

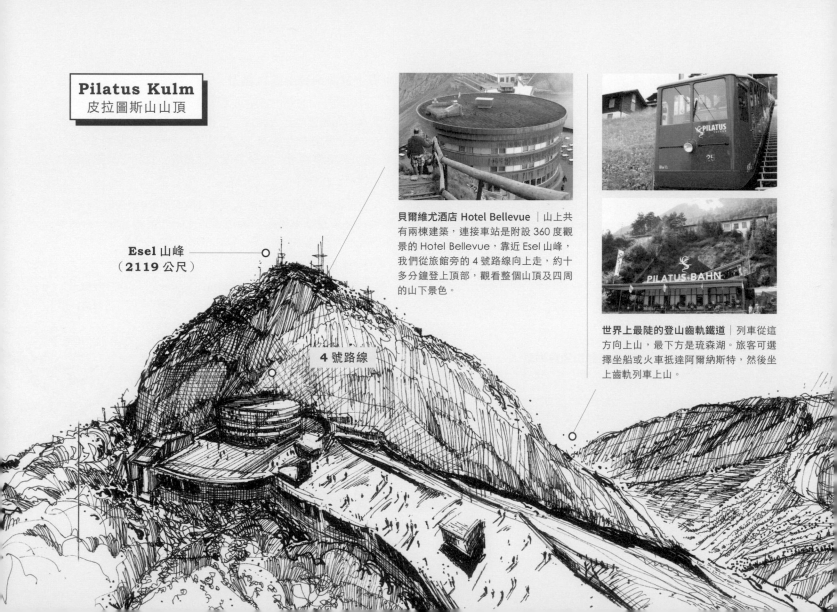

Pilatus Kulm
皮拉圖斯山山頂

貝爾維尤酒店 Hotel Bellevue | 山上共有兩棟建築，連接車站是附設 360 度觀景的 Hotel Bellevue，靠近 Esel 山峰，我們從旅館旁的 4 號路線向上走，約十多分鐘登上頂部，觀看整個山頂及四周的山下景色。

世界上最陡的登山齒軌鐵道 | 列車從這方向上山，最下方是琉森湖。旅客可選擇坐船或火車抵達阿爾納斯特，然後坐上齒軌列車上山。

Esel 山峰
（**2119 公尺**）

4 號路線

金色環遊的初體驗

第一次來的時候,我們便走了金色環遊,遊船離開了碼頭不久,皮拉圖斯山的英姿就會在右邊出現,隨著船徐徐的移動,旅客可以安坐船上欣賞到龍之山的全貌,此時發現它其實由數座山峰組成,看起來是尖尖突突的,TOMLISHORN(2132公尺)是最高的山峰,其餘為OBERHAUPT(2106公尺)及ESEL(2119公尺)。一個多小時的山水景觀路線讓我們飽覽湖光山色,緊接搭乘齒軌鐵道。

世界上最陡的登山齒軌鐵道

皮拉圖斯山的登山齒輪火車,是說明瑞士人建造登山交通工具真的超厲害的一大例證。它在1889年開始運行,全線長4.5公里,攀登垂直距離1629公尺,平均坡度達到38度,迄今仍以48度的最大傾斜角度,保持著「世界上最陡的齒軌登山鐵道」的稱號。

整段路共有兩處達到最大坡度48度,開車不久的那一段,以及快登頂要穿過最後一個隧道時,記得留意窗外,沿途也會出現坡度標示牌。

> **Travel Note**
>
> ### 皮拉圖斯山的登山齒輪列車
>
> | 阿爾納斯特 Alpnachstad | 運行時間｜5月至11月 |
> | --- | --- |
> | ↑ ↓ | 坡度｜最大48%,平均38% |
> | | 海拔落差｜1635公尺 |
> | | 鐵道長度｜4618公尺 |
> | 皮拉圖斯庫爾姆 Pilatus Kulm | 行駛時間｜上行30分鐘 |
> | | 下行40分鐘 |
> | | 運輸系統｜Locher齒軌系統鐵道 |

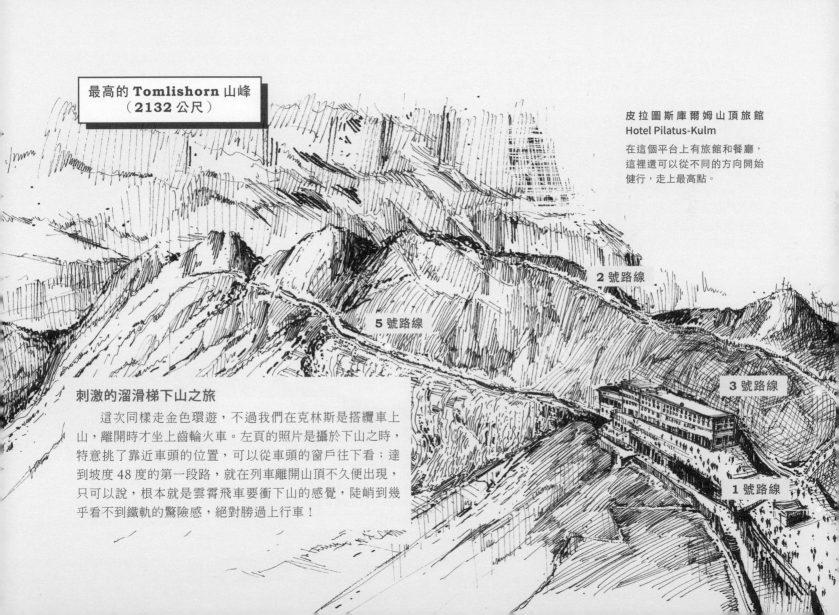

最高的 **Tomlishorn** 山峰
（2132 公尺）

皮拉圖斯庫爾姆山頂旅館
Hotel Pilatus-Kulm

在這個平台上有旅館和餐廳，
這裡還可以從不同的方向開始
健行，走上最高點。

2 號路線

5 號路線

3 號路線

刺激的溜滑梯下山之旅

　　這次同樣走金色環遊，不過我們在克林斯是搭纜車上
山，離開時才坐上齒輪火車。左頁的照片是攝於下山之時，
特意挑了靠近車頭的位置，可以從車頭的窗戶往下看；達
到坡度 48 度的第一段路，就在列車離開山頂不久便出現，
只可以說，根本就是雲霄飛車要衝下山的感覺，陡峭到幾
乎看不到鐵軌的驚險感，絕對勝過上行車！

1 號路線

山頂的五條熱門步道

接待我們的是皮拉圖斯山鐵道公司海外經理 COLETTE，去年很感謝她的親切接待，後來還造訪了她的家。真高興可以再聚，熱情擁抱一下。COLETTE 笑說她剛剛觀看了山上的即時影像，雖然不是天朗氣清，但這次真的可以健行。果然到了山上，雲霧時聚時散，時濃時淡，山巒間的景色呈現出變化多端的美感，於是一行三人高高興興地出發。

山頂上的五條熱門步道，可以登上山頂或者穿越山洞賞景，最熱門的是 1、3 和 4 號路線，一次走完三條不多於一小時。3 和 4 號路線的最大賣點，是可以登上兩座主峰之頂，踏在皮拉圖斯山最高兩點 360 度欣賞湖泊群山全景。

3 號線就在皮拉圖斯庫爾姆山頂旅館旁邊的上行步道，可直達 OBERHAUPT 山峰，在那裡可看到 ESEL 山峰為主及遠方綿延的群峰。至於 4 號路線，則在貝爾維尤酒店後面的上行路，可登上 ESEL 山峰，能看到皮拉圖斯庫爾姆山頂旅館、OBERHAUPT 山峰及最高的 TOMLISHORN 山峰組成整個皮拉圖斯山峰景色。如果想去 TOMLISHORN 山峰，那就要走 5 號線，來回約兩小時。

抵達 3 號路線盡頭之時，雲霧已籠罩山頭，朦朦朧朧，彷彿潑墨山水畫般的美景。不要以為需要走回頭路下山，原來盡頭有一個可讓人下行的窄小山洞，穿過山洞便是山峰背後，然後連接上 1 和 2 號路線。

左上：快將抵達 3 號路線的盡頭
右：旅客從 3 號路線盡頭旁的山洞下行
左下：在 Oberhaupt 山峰內的岩石隧道。

皮拉圖斯庫爾姆山頂旅館
Hotel Pilatus-Kulm

山脊上最邊緣險要位置上的小教堂

我們下行至山峰的另一邊的步道，連接 1 和 2 號路線，又稱為龍道（DRACHENWEG），是在 OBERHAUPT 山峰的岩壁中鑿出的一條岩石隧道，很平緩的步道，特點是穿鑿在山壁之間，可以從幾個洞口眺望風景。隧道內還掛有多幅飛龍傳說的畫作。雲霧忽然間散去，我們從隧道中的洞眼，驚喜地能清楚觀看湖泊群山的景色。

一看之下，驚訝地發現下方的 KLIMSEN 山峰（1864 公尺）上有一座白色小教堂，就在山脊上最邊緣的險要位置，看著看著，才發現小教堂其實位於一條步道上，旅客可以從阿爾納斯特的纜車站開始，上行至小教堂的位置，需時 1.45 小時，然後再走一小時，便能踏上皮拉圖斯山之頂。

這間新歌德式的小教堂，早在登山齒輪火車建好前的 1860 年已建好，當時還有一座山間旅館在旁。

因為這條步道的景色怡人，即使在登山齒輪火車開通後，依然有許多人喜歡走這一條。時至今日，山間旅館因殘舊而拆除，富有特色的小教堂因為太受歡迎，早已成為地標，更於 2002 年成為受保護的歷史建築物了！

官方照片：左圖是小教堂現在的外貌，右圖是最早期，前方是山間旅館，後方就是小教堂。

貝爾維尤酒店 Hotel Bellevue 及 Esel 山峰

　　登上 3 號路線的盡頭，就是 OBERHAUPT 山峰，非常讚的是可以 360 度欣賞四周全景：皮拉圖斯山雖然只有 2129 公尺，不過仍可眺望鄰近的高山峻嶺以及更遠處綿延起伏的阿爾卑斯山脈，另一面還可以俯瞰整個琉森市區和湖景，還有緩緩上升的紅色纜車，時濃時淡的雲霧之中，一切彷彿縹緲在仙境。

夏季限定的刺激玩意

　　這次我們搭纜車上山，第一段的纜車是升到阿爾納斯特，那裡不只是中繼站，除了有一間可欣賞怡人景色的露天餐廳外，周邊還有幾處好玩刺激的設施，旱地雪橇滑道是旅客最常玩的，很多山區都有這種玩意，不過這裡很特別，因為它是瑞士最長的旱地雪橇滑道，彎道特別多，全長 1350 公尺。比起搭乘其他登山交通工具，旱地雪橇更有身臨其境的感覺，讓人覺得自己似乎與腳下的綠草，遠處的湖與山峰融為一體。在瑞士這個物價較高的國家，一次旱地雪橇道只要 8 瑞郎，讓人忍不住多玩幾趟。

午餐在百年旅館內

　　聳立於山頂的另一座建築物就是皮拉圖斯庫爾姆山頂旅館，當年蒸汽齒軌火車通車後才開始建造，因為齒軌火車肩負著運送取自這山區的木材、石塊以及其他建築材料的重要任務，旅館於 1890 年開始營業。我們午餐就在這間極具歷史性旅館的維多利亞女王餐廳（Restaurant Queen Victoria）內享用。我們一邊享用美食，一邊分享創作《最完美的瑞士之旅》的點滴，COLETTE 看得津津樂道，尤其是介紹她家的那一篇。多麼希望能再訪她的家好好聊天，可惜行程已經沒有空檔，深感可惜！

完成黃金環遊

　　我們依依不捨地跟 COLETTE 說再見，坐上遊船返回琉森市，這樣高空纜車、齒軌登山鐵道等都坐到了，在山頂也完成幾條健行路線，再一次遊遍這座琉森的家山，滿心歡喜地返回琉森市。

1.Colette 正在閱讀我們的新書。2. 富麗堂皇的維多利亞女王餐廳。3&4. 瑞士境內最長的旱地雪橇滑道，只在 5 至 10 月。5. 繩索攀爬樂園。6. 龍道內的飛龍傳說畫作。

皮拉圖斯山 Pilatus　　　　www.pilatus.com

票價｜持有 Swiss Travel Pass，齒輪火車、纜車、遊船、火車及公車都免費。若沒有 Swiss Travel Pass，可購買黃金環遊套票｜頭等船 120 ／二等船 106 瑞郎；銀色環遊套票｜頭等火車 88.2 ／二等火車 83.6 瑞郎
齒軌火車（Alpnachstad–Pilatus Kulm）｜單程 36 瑞郎
纜車（Kriens–Pilatus Kulm）｜單程 36 瑞郎

Engelberg
英格堡阿爾卑斯山區

兩天深度之行 Part 1：二訪鐵力士山

　　再訪鐵力士山（TITLIS）之旅，登上山頂不再是唯一重點，而是要深入山谷間健行兩天，逐一拜訪四個高山湖泊，還在山間旅館休息一個晚上，一探鐵力士山鮮為人知的另一面！

瑞士最「親民」的雪峰

　　超過四千公尺高的瑞士山峰有 40 多座，位於中部大城市琉森近郊、高度只有 3238 公尺的鐵力士山，原是沒得比的，可是它很容易到達，從琉森市坐火車到山下的纜車站，只要 40 分鐘左右，然後再搭兩段纜車便能輕鬆地踏足在山峰之頂，因此這個能觀賞瑞士雪峰的入門景點，深受歡迎，而且它有 360 度的旋轉纜車、號稱歐洲最高的吊橋，還能經常欣賞到雪山雲海，各國觀光客終年絡繹不絕；相對位於偏遠地區的馬特洪峰及少女峰，交通費又高，鐵力士山堪稱瑞士最「親民」的終年積雪的山峰。

仿如中世紀歐洲城堡的雪峰

坐上纜車前不可錯的天空之城

　　旅客抵達山腳的英格堡鎮（ENGELBERG），可搭免費接駁車，或步行十分鐘到纜車站。接待我們同樣是去年的鐵力士登山鐵道公司代表 PETER NIEDERBERGER，大家就像老朋友敘舊一樣，感到親切愉快。

　　我們在火車站外面（左圖），抬頭一看天際的景色，如發掘到寶物般的驚喜，這是上一回錯過的奇景，原來不用登到二千、三千公尺以上，就可以看到終年積雪的山峰；迷倒我們的是一座層層堆疊仿如中世紀歐洲城堡的雪峰，從我們的位置看過去，剛好坐落於遙遠天邊的一角，當下的天色份外蔚藍，瞬間泛起那就是「天空之城」的美麗錯覺！

Gr. Spannort
3198 公尺

最為印象深刻之一的山峰

　　據 PETER 所說，這一帶的四周有十多座山峰，最著名自然是鐵力士山，但若以外形突出來說，首推我們所看到的 GR. SPANNORT（3198 公尺）；他又說自己和太太都好喜歡外形這麼突出的 GR. SPANNORT，所以他們的結婚戒指上便刻有這山峰圖案。說實在，除了馬特洪峰外，這座天空之城是我們在瑞士國境內看過外觀最為印象深刻山峰之一。

　　說回登上鐵力士山的兩段纜車，全程不到 20 分鐘時間，從英格堡鎮（1050 公尺）到特呂布湖（TRUBSEE，1796 公尺）是前段，這段纜車是四至六人坐的小車廂，上升後開始看到被群山環繞的整個山區面貌。後段的 360 度旋轉纜車（ROTAIR）就很酷，坐上這纜車不必擔心站錯位置，因為可載 80 位乘客的車廂會慢慢自轉，只要佔到靠邊窗的地方就可以瀏覽整個山脈的風景，不會錯過任何一個角度。

峰峰相連的山頭飄浮在雲海上

纜車轉一圈剛好要到達山頂，纜車站就在小鐵力士山（KLEIN TITLIS，3020 公尺），車站外的山頭就是鐵力士山（3239 公尺），和皮拉圖斯山一樣，旅客是真正地踏足在山頂之上。步出觀景台，便是一大片寬闊的雪地，可以容納好多人，而且視野開闊，光是峰峰相連的山頭，飄浮在雲海上的景象，就值回票價。

走在鐵力士懸崖吊橋上，感覺彷彿漫步雲端

盡頭之處是號稱歐洲最高的凌霄天空步道（TITLIS CLIFF BRIDGE），全長一百公尺，跨在海拔 3041 公尺的深谷上，距離最接近地面的為五百公尺，橋身為網狀鏤空設計，寬一公尺，從腳底下望去是厚厚的冰塊和岩石，一走動橋身便微微搖晃。由於兩邊的保護網相當高，就不覺得有那麼恐怖，反倒覺得橋上的視野還真不賴，遠眺一片廣闊壯麗的群山美景。

鐵力士山的凌霄天空步道是歐洲最高的空中步道，漫步在高達海拔 3041 公尺的深谷上，搖搖晃晃的吊橋充滿刺激感！

穿越鐵力士山的冰川裂縫上空

凌霄天空步道旁邊，旅客還可以付費坐冰川飛渡吊椅飛下去，下去之後就是冰川樂園（GLACIER PARK），那裡有讓人玩得興奮尖叫的滑雪椅、雪上輪胎等雪上設施。冰川飛渡吊椅其實是沒有車廂的吊車，搭乘時是腳步騰空，有點刺激又不會危險，速度不會很快；有些人建議不要往下看就好，其實除了欣賞四周的白雪山景外，我反而覺得一定不要錯過腳底下的景色，能近距離觀看到佈滿裂縫的冰川，部分有數十公尺之長，甚為壯觀！

冰川飛渡吊椅 Ice Flyer

坐在飛渡椅上，從山頂到下方另一個玩雪之處，雙腳懸空之下，盡是冰川深深的裂縫，這已是我們第二次的體驗，依然感到超興奮！

不要立即下山，山中湖是遊玩鐵力士山另一重點

大多數旅客通常在山頂遊玩了半天便會告別鐵力士山，這樣就錯過了「健行的好機會」。是的，在山頂上並沒有步道或是讓人走下去的步道，但鐵力士山的美，不只限於山頂上，山頂以下還有很多地方值得探索，多條風景優美的健行路線就在特呂布湖站的外面。

最經典的一條是全程走在平坦的人工步道上，繞著幽靜的特呂布湖走一圈，也只需一小時左右，最後返回特呂布湖站的餐廳休息一下，吃過下午茶才下山離開。這段因為實在相當輕鬆易走，許多父母也會帶著小朋友、甚至初生嬰孩一起健行。至於我們的鐵力士山深度之旅，重點就是從這個山中湖伸延過去，橫跨20公里至另一邊的山中小鎮。

天空之城

之後，我們上網尋找 GR. SPANNORT 的資料，原來沒有登

山交通工具，旁邊還有一座 KL. SPANNORT（3140 公尺）；再瀏覽山峰的近距離照片，於是依照這些照片畫下來，放在書中分享給大家。

鐵力士山

網站｜ www.titlis.ch

費用｜ 1. Engelberg–Titlis，單程 63 瑞郎／來回 89 瑞郎（持 Swiss Travle Pass 可享半價）

2. 冰川飛渡吊椅，來回 12 瑞郎

鐵力士山山頂圖（官方提供）
1. 山頂纜車站（3028 公尺）
2. 鐵力士山最高點（3239 公尺）
3. 冰川飛渡吊椅
4. 冰川樂園
5.360 度旋轉纜車

Engelberg
英格堡阿爾卑斯山區

兩天深度之行 Part 2：四大湖泊之行

　　上一篇介紹了遊覽鐵力士山的經典路線，至於我們真正的兩天路線又是怎樣呢？這時候先要上一堂課認識英格堡（ENGELBERG）。

「天使之山」的瑞士中部旅遊勝地

　　一般來說，旅客對於英格堡鎮較有印象，因為它是鐵力士山纜車站所在地，實際上位於琉森湖以南的上瓦爾登州，被譽為瑞士中部著名度假地。ENGELBERG 的原文意思為「天使之山」（THE MOUNTAIN OF ANGELS），是本篤會修道院的創建地，早在西元 1120 年便開始吸引不少信眾及遊人前來，而在村內，最矚目的景物是雄偉的英格堡修道院（ENGELBERG ABBEY），從英格堡火車站走過去只要十分鐘路程。

　　這區除了英格堡鎮外，還有 GRAFENORT、OBERMATT 及 SCHWAND 三條小鎮，這些村鎮與多座山峰合稱為英格堡，又稱為「英格堡阿爾卑斯山區」。

官方照片，英格堡修道院 Engelberg Abbey

英格堡的三個山上觀景台

　　擁有沉積著萬年積雪和冰河的鐵力士峰是英格堡的「家山」，不過山區內另外兩座山頭 FURENALP（1850 公尺）及布倫尼（BRUNNI，1875 公尺），一樣可讓人乘坐登山交通工具上去，並延伸了多條不同主題的健行路線。上篇文章中提及那座外觀像古堡的雪山 GR. SPANNORT，旅客就可以在 FURENALP 這個山頭健行途中，以較近的距離觀看到。

Unter Trubsee

我們從英格堡鎮坐上齒軌列車到達格式尼阿爾坡
（Gerschnialp），然後正式展開健行；當走向 Unter
Trubsee 之時，便是開闊的大草原，再穿過寧靜村莊的小路，
便可坐上纜車跨越 Gerschniberg 山峰。畫的正中央那座山
峰便是 Gr. Spannort。

在英格堡阿爾卑斯山區逐一尋訪四個山中湖泊

正式來說，我們的兩天之旅是在「英格堡阿爾卑斯山區」，因此搜集資料時不是使用鐵力士山官網，而是英格堡官網（www.engelberg.ch）。參考右頁的官方地圖，便知道了除了鐵力士山山頂外，這一區域還有很多值得探索的美麗地方。官網推薦了 20 多條不同主題的健行路線，以時間劃分為「一小時」至「六小時以上」幾種。

20 公里健行在六個半小時完成

我們挑戰的是「四大湖健行」（FOUR LAKES TRAIL），從英格堡鎮開始，重點是拜訪特呂布湖等四個山中湖，有不少上行的路段，最終抵達的 STOCKALP 小鎮已經遠離鐵力士山，到了英格堡阿爾卑斯山區的邊緣。

整條路線包含了搭乘五段的登山交通工具，但完成全程20.84 公里亦要花上六個半小時；如果不搭交通工具的話，單純用雙腳估計至少需要八至九小時。

「六個半小時」只是官方的標準時間，加上中途休息、拍照、在山中餐廳吃午餐（除非自備乾糧）等的時間，以體力較好的人來說，八小時以上是跑不掉的。至於我們把原本已很豐富的「四大湖健行」變得更有意思，分為幾段，並在山間旅館住宿一晚，最後才成為兩天之旅！

英格堡阿爾卑斯山區地圖｜旅客可在纜車站內索取，或從 www.engelberg.ch 下載。

四大湖健行（Four lakes trail）

距離：20.84 公里　　健行時間：6.5 小時
高度差距：1000 至 2220 公尺
難度：中級　　　　適合於 6 月至 9 月

Engelberg 站 → Gerschnialp 站 →
Unter Trubsee 站 → Trubsee 高原 →
Trubsee 湖泊 → Alpstubli 站 →
Jochpass 站 → Engstlensee 站 →
Engstlensee 湖泊 → Tannensee 湖泊 →
Melchsee 湖泊 → Melchsee-Frutt 站 →
Stockalp 站

────── 四大湖健行路線
────── 登上鐵力士山頂的纜車路線

左：Engelberg 與 Gerschnialp 之間的齒軌列車。
中：Unter Trubsee 與 Trubsee 之間的纜車。
右：Alpstubli 與 Jochpass 之間的吊車。

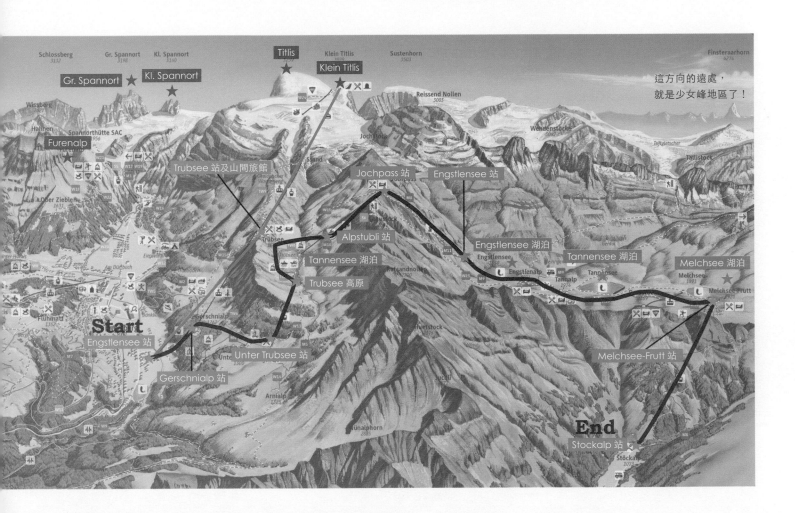

Schlossberg *3132*
Gr. Spannort *3198*
Kl. Spannort *3140*
Titlis
Klein Titlis *3029*
Sustenhorn *3503*
Finsteraarhorn *4274*

Gr. Spannort ★   **Kl. Spannort** ★
Klein Titlis

這方向的遠處，
就是少女峰地區了！

Wissberg *3627*
Hahnen
Spannorthütte SAC *1956*
Furenalp
Ober Zieblen *1631*

Reissend Nollen *3003*
Wendenstöcke *3042*
Titiglatscher
Tällistock

Inter-Hohen

Trubsee 站及山間旅館
Stand
Titlis
Trubsee
Jochpass 站
Engstlensee 站

Fluhmatt

Start
Engstlensee 站

Gerschnialp 站

Alpstubli 站
Tannensee 湖泊
Trubsee 高原
Gerschnialp
Unter Trubsee 站
Unte *1300*
Arnialp *1775*

Reissandnollen *2700*
Graustock
Engstlensee
Engstlenalp
Engstlenalp
Tannalp *1974*

Engstlensee 湖泊
Tannensee 湖泊
Melchsee 湖泊
Melchsee *1891*
Melchsee-Frutt

Melchsee-Frutt 站

Hutstock
Juchli
Münalphorn *2585*

End
Stockalp 站
Stöckalp *1071*

Engstlensee 站

在 Jochpass 山頭上，旅客可以選擇走下行步道，或是輕鬆地搭乘吊椅前往畫中的 Engstlensee 站，再多走幾分鐘便抵達「四大湖健行」的第二個山中湖 Engstlensee。

DAY 1　PART 1
ENGELBERG 站 → GERSCHNIALP 站 → UNTER TRUBSEE 站

　　格式尼阿爾坡（GERSCHNIALP），對於初次到訪鐵力士山的旅客來說，這地方應該很容易錯過，以往登上山頂需要搭乘三段纜車，格式尼阿爾坡便是其中一站，不過從 2015 年底開始，登山鐵道更新工程完成後，目前只需兩段纜車，以減省上山的時間，不再停靠格式尼阿爾坡。

　　正當大部分旅客在英格堡鎮蜂湧搭乘纜車上山頂，但其實同一車站內還有登山齒軌列車，可以前往格式尼阿爾坡，這天我們就在 PETER 帶領下，坐上早在 1913 年開始運作的齒軌列車。

阿爾卑斯山鮮花路徑

　　踏出車站，我們沿著有「UNTER TRUBSEE」的指示牌走，很快進入高密度的森林，陣陣涼意令人神清目爽，走起來份外起勁，與常常走在一望無際的高山上別有一番滋味。從這裡開始到後面的大草原，沿路兩旁都有高山植物及野花的標示牌讓人認識，GERSCHNIALP → UNTER TRUBSEE 這段路其實稱為「阿爾卑斯山鮮花路徑 1」（ALPINE FLORA TRAIL 1），長度只有兩公里，很輕鬆！

廣闊的翠綠大草原

　　離開密綠的森林，視野轉為廣闊的翠綠大草原，小徑在這平坦草原地帶上，鮮碧如畫，四周都是高低起伏的山峰，仔細一看，背向我們的一角不就是 GR. SPANNORT，喜見這座外形像古堡的山峰再現於眼前。

Gerschnialp 站外面的健行指示牌，往 Unter Trubsee 只需 30 分鐘。

瑞士大草原牧場

牧場主要分為草原、丘陵、高原，由於氣候條件不一樣，
花草的品種也不一樣，牛奶品質也就有所區別。

牧場絕不在草原上使用農藥和化肥，能確保牛奶的純天然
品質。夏天草多，吃不了的還可以捲成草卷留到冬天餵食

牛間仙境及優質起司（一）：天然大草場

　　草原上有一根根木條插在其中，將整片草原劃分為多個區域，青草都是留給牛隻享用。環視草原上的木條，有數百根、還是千根以上？據 PETER 所說，每年春末，村民會把這數以百計的木條插在泥土裡，並用可通電的電線圍起來（控制牛隻在指定區域吃草），將大草原分割為多個小區，目的是讓牛隻有系統地吃草，吃完一區再到另一區，這樣整片草原就能平均地供牛隻「享用」。牛隻吃完這片位於山腰的草後，再遷徙往最高山區吃草。

人們收割及曬乾再生的草

　　而這片草原得以足夠時間再生，直至初秋時人們開始收割、曬乾，並用布包成圓柱狀，儲藏給牛過冬食用。至於草原上一根根的木條，冬季下雪前，人們又再逐一拔起收集起來，避免被厚厚的雪覆蓋而破壞，這樣一年兩次處理大量木條，可不是簡單輕鬆的工作。

瑞士奶酪質量好和牛吃的草有直接關係

　　瑞士的乳牛大多生長於自然的環境中，只吃天然青草和乾草，並不會使用飼料和食品添加劑。瑞士人總是自豪地說，瑞士奶酪質量好和牛吃的草有直接關係，不同草場的草、不同海拔高度的草，甚至不同品質的草，對牛奶的質量都會產生影響。瑞士四分之三的國土為阿爾卑斯山區，擁有大片的高原和坡地草場，牧草豐美。因此瑞士的乳製品才能有如此醇厚的品質。

上：我們離開森林，步入大草場。

中：除了草原上的木條圍欄，也會在路上設置牛路坑（Cattle Grid），限制牛隻出沒範圍。

右：遠處還見到壯健男子在收割青草！

村內的指示牌，表示這裡有販售牛油和起司。

途中遇見運送牛隻的車子，在後段車箱裡有兩頭牛，不曉得牠們會去哪裡呢？

可供 16 頭牛隻居住的房子

房子內部完全打通，牛隻可隨意走動

黃色大碗是給水的設備

牧場的小男孩

農場的各種工具。

牛間仙境及優質起司（二）：牛牛的家

　　橫過草原牧場，我們來到牛隻居住的地方，剛好門外有一位牧場小男孩在打掃，他讓我們入內參觀。這時候當然見不到牛隻，裡面可容納 16 頭牛，活動空間大，並且完全打通；兩邊橫樑上掛著黑色牌子，記錄著每頭牛的名字和身份資訊。

　　我大概能想像牠們在這裡棲息時有多麼自在，可以隨意走動，不像現代化圈飼牛場，牛隻無法享受自由，長年被困在圍欄中飼養。

瑞士牛隻享有「牛權」

　　當我們詢問 PETER，為什麼外面這麼大的草原牧場只養了十多頭牛時，他這樣回答：政府對於牛圈的範圍、面積以及牲畜數目都有嚴格的規定。最有意思的是，政府對牛隻的「牛權」也做出了規定：冬季時每天要讓牛隻出去散步至少三次！PETER 又說牧民無法隨意擴建自己的牧場，隨意增加自己的牲畜，由於有政府的補貼，牧民並不用太擔心生計，他們需要做的只是努力提高牲畜的品質。

每年有兩個重要的「牛牛節日」

　　根據 2014 年的統計，瑞士有 55 萬頭乳牛，共生產了 347 萬噸牛奶；瑞士人幾乎是把牛當作圖騰來崇拜，每年有兩個重要的「牛牛節日」，分別是初春的「趕牛上山節」與秋末的「趕牛下山節」，就是為了慶祝牧場遷徙，把牛隻打扮得花支招展（右上圖）來一趟盛大遊行，在稍後文章介紹的阿彭策爾鎮（APPENZELL），當地牧民們會身穿色彩鮮豔的民族服裝（右下圖），還邀請阿爾卑斯山號吹奏者和變嗓山歌演唱組助興，村民和遊客也歡聚在一起共慶節日。

牛間仙境及優質起司（三）：家族式起司工廠

　　瑞士起司的品種有多種，愛蒙塔爾起司（Emmental）、格魯耶爾起司（Gruyere）及阿彭策爾起司（Appenzeller）都十分有名，既可佐餐，又可當主食，最經典的吃法莫過於烤起司（Raclette）與起司火鍋（Fondue）。

從鄰近奶酪農家直接收購鮮奶

　　瑞士起司工廠主要是家庭式或中小企業式經營，都是位於山上，從鄰近的奶酪農家直接收購鮮奶，在 Unter Trubsee 便有一家。起司工廠除了把產品運送到鎮上或更遠地方出售外，也歡迎人們直接上門參觀及購買，英格堡官方地圖上標示了好幾家起司工廠，就是方便旅客在駕車或健行途中，前往購買最新鮮的山區起司。

這些起司工廠都會在大路上設置宣傳木牌，列出自家出產的起司，有興趣的人就可依指示前往參觀和購買。

參觀過，才對起司品質有信心

　　接下來，我們到一家做叫 Zur Alp Kaserei 的起司工廠，Kaserei 是德文起司製品的意思。這裡也是家庭式，由幾名三代的家族成員合力經營；來到之時，剛好女主人在裡面工作中，我們詢問 Peter 沒有預約會不會造成不便，他笑著說他們都很歡迎人們來參觀，因為了解製作過程後，才會對起司品質有信心，自然會掏錢買一些帶回家，即使沒有預約也很歡迎。

製作起司的過程

　　女主人向我們介紹，每天都有專人從這座山頭的多個擠奶地收集新鮮牛奶（未經加熱處理），一天兩次，這樣就能確保生乳的豐富營養及衛生健康。他們是劈柴燒火，把鮮牛奶煮至高溫，使凝乳和乳清分離。第二，將分離後的凝乳放進發酵罐進行發酵；接著定型，用麻布將凝固體撈起，放到圓形膠托內固定形狀。最後放在恆溫保存室繼續發酵，期間還需要不停地在起司上刷鹽水。

給人住的房子

起司工廠

山上的起司工廠通常都是家庭式經營，一邊是給人住的房子，另一邊就是起司工廠。

左：劈柴燒火，木柴取自山區內。
右上：工廠內部。
右下：工廠女主人為我們介紹製作起司的工序。

放置起司的架子是使用木材製成，能夠吸濕，又能通風。

恆溫存放室｜每年可製造四至五公噸以上，產量約二百多輪的史普林起司（Sbrinz），單個重 30 多公斤。

把凝固體放在圓形膠托內固定形狀。

放置起司的架子具有多種功能

　　起司需要存放幾個月，多則一、兩年，長期發酵而成的起司一般被稱作「老起司」，水分基本已蒸發，質感上較硬，味道更濃郁。放置起司的架子也很講究，要用木材製成，既能吸濕，又能通風，黃澄澄的起司整齊地擺放在木架上，最大的單個有 35 公斤重。

　　她又說，每年他們可製造四至五公噸以上，產量約二百多輪的起司。一般情況下，一百公升的牛奶可製成 18 公斤的起司，如果硬質起司的話，就只能做八公斤，因為硬質起司濃縮了更多的牛奶營養。

瑞士中部盛產的起司

　　至於瑞士中部盛產的起司，就是史普林起司（SBRINZ），屬於超硬質，單個重 25 至 45 公斤，是瑞士最古的老起司之一，從羅馬時代開始銷售。需要一年半以上時間方可製成，一般的吃法是削成細末，作為配料，撒在湯裡或有麵條及米飯的料理上，以增加美味，或是將起司切成薄片，夾麵包做成三明治。

　　從大草原牧場、牛牛的家再到家庭式起司工廠，我們看到瑞士山區農家的工作真的很繁重，而且夏天的時候，牛隻遠在好幾哩外的山上，農戶不可能天天去照料，哪些人照料呢？哪些人負責去收集新鮮牛奶再運送到起司工廠呢？答案留待「牛間仙境及優質起司（四）」。

瑞士中部盛產史普林起司。

存放牛奶的鐵罐子。

告別起司工廠，剛好坐上每小時一班的纜車，
藍色小纜車載我們跨過 Gerschniberg 山峰，
升到 1700 多公尺的特呂布湖高原，如果不搭
纜車，也可以健行上去，估計會多花數十分鐘。
下車後展開第二段健行，在那裡終於見到一群
又一群牛牛自在地在湖邊吃草了！

Engelberg
英格堡阿爾卑斯山區

兩天之旅 Part 3：在山間旅館住宿一晚

DAY 1　PART 2　TRUBSEE 高原 → TRUBSEE 湖泊 → TRUBSEE 站及旅館

　　緊接上一回繼續英格堡山區的第一天行程，本篇的主角就是「特呂布湖」（TRUBSEE），也是「四大湖健行」（FOUR LAKES TRAIL）的第一個湖泊，幸好這晚住宿地方就在湖邊山間旅館，我們因而難得地欣賞到湖泊在黃昏日落、晨光初露等不同時段的轉變、氛圍及景色。

　　將近中午，我們來到特呂布湖高原，走出纜車站便見一段在山嶺上的平緩步道，從這裡走到特呂布湖，又稱為「阿爾卑斯山鮮花路徑2」（ALPINE FLORA TRAIL 2），沿途有許多不同種類的高山野花，跟「阿爾卑斯山鮮花路徑1」一樣，設有植物標示牌介紹它們。

在纜車站外的健行指示牌，寫著35分鐘可走到特呂布湖，邊走邊觀賞山邊的花草驚艷，實際上大約走了20分鐘，山中湖就在遠處的山谷裡逐漸顯現出來，途中還遇上不少同道中人，閃亮的湖色牽引著大家要加快步伐。

特呂布湖　**Trubsee**

湖邊牛牛　與你對望　與你同行

　　途中有一處是沒有指示牌的閘口，大家都知道通過後就進入這一區的牧牛範圍，在上一篇提及那些居住在 UNTER TRUBSEE 的牛隻，1700 公尺的特呂布湖高原，便是牠們在夏天時會向上遷徙的其中一處地方。

　　果然，步進這一大片牧牛範圍，一路上遇上不少牛隻散聚各處，有些在山坡某個角落裡、有些在山谷底、更有些在對面的山頭。牛隻的脖子上都掛著鈴鐺，走動時、低頭吃草時，會發出噹噹聲響，響遍整個山區。話說回來，這一帶的牧牛範圍到底有多廣闊呢？地圖沒有顯示相關資料，我想佔地面積絕對大於我們非本地人的想像，後來我們從特呂布湖的另一邊通往纜車站，便看見另一個閘口，無疑是控制牛群不要走近車站而設立吧。

　　不知不覺走到湖邊，聚集了更多牛隻，似乎跟人類一樣，大家都愛上這個
山中湖；牠們不會因為這裡有較多賞湖的人而避開，小牛、大牛在湖邊、路邊
隨意走動，對遊人視而不見，走在同一步道上；剛才只是遠看覺得牛隻不大，
這時候從旁經過時，真的覺得牠們很大隻，而且很壯。偶然跟牠們對望一眼，
牠們彷彿在說著：歡迎來到特呂布湖啊！

第一次來訪鐵力士山時，錯過了這湖泊，這次終於圓夢了。

風景清幽，沿湖散步，身旁盡被青青綠草包圍，湖邊還有一幢架高的小木屋，我刻意取了這角度，拍下這張滿意之作，遠處的房子是 Alpstubli 站旁的餐廳。

適合一家大小來走一回的山中湖

清幽的特呂布湖坐落在開闊的山谷中，正值晴朗的午後，雲霧不多，山谷上方不見生氣勃勃的青翠色，而是沉靜迷人的雪白色，極目遠眺，位於鐵力士山頂的訊號塔若隱若現地在雪地的角落裡矗立著。

這時候，很多一家大小的旅人、甚至還推著嬰兒車繞著湖泊走著、走著，相信不少人是從鐵力士山山頂下來，從特呂布湖纜車站下車走過來，慢慢走這一趟高山湖泊健行，繞一圈也只要一小時左右，多麼輕鬆。

划船、燒烤、野餐

這一段可說是親子步道，除了平坦的人工步道外，湖邊的多種設施讓人紛紛停下腳步，包括燒烤設施、給小孩子玩的遊戲器材及問答題，雖然答中無獎卻饒富創意和趣味，讓小朋友更愛在這湖邊健行。驚喜的是幾艘小船在湖上冉冉駛來駛去，湖邊無人收費，大家只需將 10 瑞郎投入箱中，便可以盡情享受在山中湖划船的樂趣。

1. 在湖邊隨意找個椅子坐下來，除了長椅外，亦可躺在吊床上享受湖光山色！
2. 自助划船很受歡迎！
3. 湖邊的燒烤設施。
4. 給小孩猜題的問答遊戲。
5. 多項遊樂設施。
6. 繞湖一圈只要一小時左右。

此時此刻，
盡情沐浴在山谷湖泊的絢麗旖旎風光中。

在絕美的湖光山色下，大家愈聊愈暢快，無盡話說不完

　　這一片靜謐的湖水在綠草覆蓋的山巒之中，跟鐵力士山頂的白雪世界完全不一樣，如果你喜歡在湖邊野餐，不妨事前預備三明治、麵包、水果等，挑張湖邊長椅或草地上坐下來慢慢享用。或是像我們在湖邊的唯一一間的小餐廳坐下來，點一份起司及風乾火腿拼盤、烤起司、香腸及蘋果派等共享，邊吃起司邊猜想著，這幾種濃淡度各有不同的起司定必是來自這迷人的山區！

　　在絕美的湖光山色下我們愈聊愈暢快，仿似有無盡話說不完，PETER 細意閱讀《最完美的瑞士之旅》，當看到鐵力士山的內容，又回憶起去年在這雪山上同遊的片段，真令人懷念啊！PETER 和皮拉圖斯山的 COLETTE 都是我們再訪瑞士重遇的當地人，他倆十分熱心又盡責，讓我們在短時間內搜集到豐富資料，真的很感謝他們，實在不捨得地與他們說再見。

　　最後我們來到特呂布湖博格旅館辦理入住手續，PETER 在下山前清楚說明餘下的健行路線，因為第二天繼續前行跨過三個山中湖，就只靠我們自己了。

瑞士高山風格的裝飾

精緻美味的四道菜式晚餐

在山間旅館好好睡一覺

　　鐵力士山頂沒有旅館，最接近山頂的旅館就是與特呂布湖纜車站相連的特呂布湖博格旅館（BERGHOTEL TRUBSEE）。這山間旅館是我們旅程中入住的第一間，是一座現代化的三星級旅館，從內部的裝潢和設備，看得出是剛落成不久或重新修建好沒有幾年的旅館。

　　雖說三星級，以位置來說卻是「五星級」，第一是與纜車站聯結在一起，下車的旅客可直達旅館；第二，不用一分鐘可走到湖泊；第三，它是最靠近鐵力士山頂的旅館，山頂是瑞士中部的聞名滑雪場地，很多滑雪客會連續住宿數天，方便每天上盡情地滑雪。

在溫暖舒適木屋裡，做個好夢！

　　旅館有 37 間客房，我們的房間享有湖泊山谷景色，還設有陽台。走入房間，就如置身於瑞士高山裡的木屋，大部分的傢俱都是使用木材打造，牆壁還用上真正的石塊拼疊，再加上採用柔和黃燈，很有溫暖的感覺，走了一整天的路，能在如此舒服的環境休息，真是太好了，這晚定必可以沉沉睡一覺！

旅館外有一大片陽台，還有多台躺椅可讓人寫意地欣賞景色，白天時定必擠滿遊人。

令人感受舒適溫暖的房間，可以讓旅客充份休息。

天黑前，Jackman 說不可錯過，在陽台用畫筆記下山谷美景。

可看到鐵力士山頂的房間

我們的房間

可觀看山下景色的房間

我們在這裡用餐

每回旅行總有一些時刻、一些地方、一些遇見的人，總是讓自己懷念不已。入夜前，天空開始飄著微雨，我們出外走一走。隻身在山谷裡，不見人影，只見湖邊小房子散發淡淡的黃光、雲霧瀰漫、繚繞山巒；除了風聲颯颯，還聽到不曉得從哪一角落傳來的牛鈴聲，我們就這樣靜靜地徘徊個靜謐的湖邊，獨享著美景⋯⋯

多年以後，每當夜闌人靜在散步時，我定會不斷想起這裡的景色。

晚上 8 點多

早上 7 點多

入住山間旅館就是要吃在裡面

纜車在下午六時前後便停駛，不留宿的旅客與大部分旅館員工都紛紛下山去，只剩下住客和幾位員工，這時候餐廳的待應和廚師最為重要，每個人的晚餐和早餐都操在他們手上；說穿了入住山間旅館就是要吃在裡面，皆因方圓幾公里沒有超市和餐廳（湖邊唯一的小餐廳早早關門）、也不能下山，真正地在深山中與世隔絕。

260 瑞郎的一泊兩食住宿計劃

而這間旅館提供了包含四道菜式的晚餐及自助早餐的住宿計劃，以夏季來說，目前是旺季（7/8～8/20），每位收費 130 瑞郎，淡季（6/24～7/7 及 8/20～10/10）則是 110 瑞郎。算一算，在一般餐廳享用沙拉、熱湯、主菜及甜點，都要花上至少 50 瑞郎，所以我們兩人的「一泊兩食」，要付 260 瑞郎，扣除晚餐的 100 瑞郎，包早餐的房價是 160 瑞郎，坦白說，房間空間大又舒適，還享有陽台可看美景，這價錢真便宜啊！

特呂布湖博格旅館並沒有全年提供住宿，每年四月初至六月尾，因為雪融轉變成淡季所以暫停營業；至於其餐廳就可以放心，是全年營業喔！

每一口空氣都是份外清新純淨

左邊的相片拍攝於房間的陽台，住在山間旅館最大收穫就是可以觀賞到夜幕低垂前的雲彩和晨光初現的山景，還有呼吸的每一口空氣都是份外清新純淨！

DAY 1　PART 3
Trubsee 站 → 鐵力士山頂

補充一下，我們登上鐵力士山山頂，其實是在跟 PETER 說再見後，再自個兒搭纜車上去，花上較短時間完成二訪山頂的旅程。

早上 9 點多

鐵力士山山頂及訊號塔

DAY 2　PART 4
Trubsee 旅館 → Alpstubli 吊車站 → Jochpass →
Engstlensee 吊車站 → Engstlensee 湖泊 →
Tannensee 湖泊 → Melchsee 湖泊 →
Melchsee-Frutt 纜車站 → Stockalp 火車站

　　第二天早上，對於另外三個山中湖充滿期待的我們離開旅館，沿湖一直走，在雲霧散去後，清楚看到一座座纜車塔在山嶺各處，連成一線向上延伸到鐵力士山山頂，天色特別好的一天，這時候山下應該聚集了很多旅客準備上山吧！

　　從旅館走到 ALPSTUBLI 站只需 20 多分鐘，但我們花了接近一小時才走到，因為清晨的湖泊散發著朝氣蓬勃的氣息，一切景物好像換上全新面貌，跟昨天看到的感覺完全不一樣，我們自然地放慢腳步，當成第一次欣賞般。始料未及的是，一路上已有不少遊人，有些與我們朝往同一方向，有些則從 ALPSTUBLI 站走過來，大家都滿臉愉悅、充滿幹勁邁出大步走著走著。抵達 ALPSTUBLI 站前，還有一間比較大間的山間餐廳已在營業，熱熱鬧鬧。

大家在空中相遇，對望一下，揮揮手，下方是第二個湖泊 Engstlensee。

Jochpass（2207公尺）

往 Engstlensee 站

往 Alpstubli 站

HELLS-BELLS TRAIL

往 Engstlensee 站

看一看，
同一人啊！

伯伯也是從上面
走下來的！

騎單車在陡斜山路極速衝下來

在 ALPSTUBLI 站搭乘四人座吊椅，約十分鐘便登上 JOCHPASS（2207公尺），看看左上圖中的兩座吊車站，右邊是往 ALPSTUBLI 站，左邊是去 ENGSTLENSEE 站。

山頭上有一家山間旅館 BERGHAUS JOCHPASS，規模跟我們住那一間很接近，所以我們之前在逆行方向遇到的人有可能在這家投宿。這裡比特呂布湖高了快四百公尺，看到的景色又會是怎樣呢？相信又是不一樣的美。

兩邊的吊車站都有步道，如果從山頭走下行路線都很輕鬆，在往 ENGSTLENSEE 的吊車站旁原來有一條高山單車路徑，騎著單車衝下去頗有快感又充滿挑戰性，正巧有人開始往下騎，我立刻拍下來作紀錄；豈料，在十多分鐘後當我們坐完吊車繼續健行，說時遲、那時快，他就在我們面前像一陣風飛快橫過，瞬間便消失遠去；我倆完全傻眼，再遠眺山上的吊車站，目測那段距離、想像著高速行駛在陡斜山路之驚險，不由得心驚膽跳兼深深地佩服！

山間旅館

深藍色的 Engstlensee 湖泊

　　ENGSTLENSEE 湖邊有不少人在享受釣魚之樂，湖水藍色很迷人，JACKMAN 說要坐在路邊動筆寫生，ERICA 也找些特別角度在四處拍拍照，直至湖邊速寫完成才繼續前行。

　　走過 ENGSTLENSEE 湖泊這段路很平坦，不覺辛苦，然後 ENGSTLENALP 小鎮便出現，這裡有幾間餐廳和旅館，附近有郵政巴士站，也吸引不少人自駕來玩，所以特別多一家大小的遊客。原本只需一個小時左右，我們邊走邊看邊寫生，不知不覺花了三小時，到中午時分才抵達小鎮，順其自然地找間餐廳坐下來、填飽肚子一下。

1.Engstlenalp 吊車站。2.Jackman 在湖邊寫生。3.Engstlenalp 小鎮的旅館。4. 我們在小鎮的餐廳吃午餐。

走在沒有圍欄的山坡小徑上

整段四大湖健行路線，只有從 ENGSTLENALP 小村 → TANNALP 小村這一段的山路是上行，而且不是大路，變成只可容納一至兩人並行的石頭子路，有些石子是大塊的，有些是很細碎。另一個挑戰，由於小路是依著山坡開拓而成的，左邊沒有圍欄，下方是大約一、二百公尺深的山谷底部；所以當上行至碎石較多的路段，山壁便設有繩子，讓人可依靠著繼續上行。

壯麗的山谷景致

說起來好像有點難度，不過天氣甚好的這一天，沒有雨，走在碎石路上不用太憂慮，放鬆心情慢步走便轉瞬間走過。此外，大轉小徑後，眼前出現一片遼闊的山谷，山谷風景十分壯麗，遙望正前方還有一片閃閃生輝的冰川世界，賞心悅目！

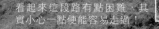

看起來這段路有點困難，其實小心一點便能容易走過！

Tannensee 湖泊周邊的平原
一路上穿過民房、餐廳、旅館和牧場，輕鬆
易走。

無障礙的麥爾希湖 - 富如特旅遊區

接下來的路段不再有難度，從 TANNENSEE 湖泊走到 MELCHSEE 湖泊都相當好走，遇上特別多遊人，而且嬰兒車和輪椅處處可見，在湖邊更是一片歡樂的熱鬧氣氛，許多人在野餐、燒烤、釣魚、烤起司，甚至在山壁上進行攀爬活動！

這段路上還有觀光小火車駛過，原來是接送兩湖及麥爾希湖 - 富如特（MELCHSEE-FRUTT）之間的遊客；最感意外的，走到最後本來以為要從 MELCHSEE 湖邊的山坡路繞上去，才能抵達山坡上的纜車站，竟然有一座升降機，坐輪椅的旅客、嬰兒車以及一般旅客都可以快速上去，站在頂部的圓形觀光台更可以欣賞到 360 度景色。

麥爾希湖 - 富如特這個山中城鎮比我預期中更大規模，位於山坡上，不只有多家小旅館，還有兩棟大型旅館，HOTEL FRUTT LODGE & SPA 和 HOTEL FRUTT FAMILY LODGE 都屬於三或四星級，可見這裡深受歡迎。

事實上，除了 TANNENSEE 湖泊、MELCHSEE 湖泊，附近還有 BLAUSEELI 湖泊，連同山中小鎮便形成「麥爾希湖 - 富如特旅遊區」，因此大批旅客是以麥爾希湖 - 富如特為據點，選擇不走完四個湖泊，只集中遊玩這旅遊區，也同樣精彩，因此要搜集資料時，就要找這個旅遊區的官網 www.melchsee-frutt.ch。

返回琉森市的交通

纜車載我們下山至 STOCKALP，轉乘 343 號郵政巴士（每小時的 39 分鐘出發）到 SAMEN 火車站；最後坐火車，大約半小時返回琉森市，完滿地結束這次英格堡四湖深度之旅。

在湖邊烤起司，風味十足！

湖邊的人用傳統的烤起司方法，把一輪重四公斤的起司切成一半，放在爐火旁邊，當微焦的起司出現，就是品嚐的黃金時機！

上：Tannensee 湖泊
中：山坡上是 Melchsee-Frutt 小鎮
下：載我們下山的 Melchsee-Frutt 纜車

四條不同程度的英格堡健行路線

　　這趟山中湖之旅真是滿載而歸，最後整理一下幾條路線給大家參考，A路線為最經典，也是旅行團最常走的。

A. 鐵士力山頂＋特呂布湖：適合第一次到訪的旅客，尤其是一家大小；吃午餐的話，特呂布湖旅館的餐廳會吃得舒適，因為山頂餐廳從早到黃昏都擠滿遊客；不用多說，在特呂布湖博格旅館住上一晚的話，更能寫上完滿句號。

B. 四湖路線（一天）：適合熱愛健行的旅客，一雙優質的登山鞋十分重要，官方時間是

六個半小時，預留八小時或以上為上策。如果不帶乾糧，記得額外預留在山間餐廳吃午餐的時間。以「走完兩個湖泊的路程」為指標，中午前後還未達標，便要加快步伐。注意，MELCHSEE-FRUTT 的尾班纜車是下午 5：20。

C. 四湖路線（兩天）：讓你寫上完美的句點，也是我們的規劃，分成多段、用兩天時間充份體驗及感受英格堡山區的深度美；住宿方面，亦可考慮 JOCHPASS 的山間旅館，在較高地方享受不一樣的深山幽靜。

D. 麥爾希湖 - 富如特旅遊區：亞洲旅客甚少來到這一塊，無障礙的設施相當適合扶老攜幼，山中小鎮還有多家旅館，挑一家住一晚吧！

延伸旅遊

1. 馬特洪峰區的五湖健行路線

《最完美的瑞士之旅》亦介紹另一條有名賞湖的路線,就是馬特洪峰區的「五湖健行路線」,賣點是在五個湖泊中都能欣賞到馬特洪峰。

首先搭上地底纜車抵達 Blauherd(2578 公尺)開始健行,這條路線很平緩,全長只有 9.26 公里,依序經過 Stellisee → Grindjisee → Grunsee → Moosjiesee → Leisee 五個高山湖泊,最後走到較低的 Sunnegga(2124 公尺),官方預計時間為 2 小時 30 分,然後坐上地底纜車下山。網站:www.zermatt.ch

2. 阿爾卑斯山文化,在高山農場體驗農活

西門塔爾山谷的倫克(Lenk in the Simmental)位於伯恩高地(Bernese Oberland),是著名的旅遊勝地,提供多姿多彩活動,包括一天農場工作的體驗活動,遊客可以幫忙割曬乾草、清理牲口欄、擠牛奶或製作起司,實際感受山區農民的生活。此外還包括參觀乳品廠示範、畜牧業體驗、農場遊覽、在阿爾卑斯山上過夜以及導遊帶領下遠足等。每年十月中旬,那裡還會舉辦阿爾卑斯山文化日(Alpine Culture Days),包括倫克小姐評選(Miss Lenk,即是選出最美的乳牛)、阿爾卑斯山牛群下山巡遊等。網站:lenk-simmental.ch

英格堡|www.engelberg.ch
麥爾希湖 - 富如特|www.melchsee-frutt.ch
旅館|www.hoteltruebsee.ch 及 www.jochpass.ch

以下車票,持 Swiss Travle Pass 均享半價:
1.Engelberg - Trubsee:單程 21 ／來回 30 瑞郎

2.Engelberg - Gerschnialp:單程 6 ／來回 12 瑞郎

3.Trubsee - Titlis:單程 48 ／來回 68 瑞郎

4.Trubsee(Alpstubli)- Jochpass:單程 12 瑞郎

5.Jochpass - Engstlenalp:單程 11 瑞郎

6.Melchsee-frutt - Stockalp:單程 19 瑞郎

上:Grindjisee 湖泊
中:往 Blauherd 的纜車站
下:牛群巡遊

馬特洪峰 Matterhorn

瑞士的山谷裡，都會有很多美麗幽靜的山中湖泊，在對的時候、對的天氣便會出現「雪峰倒影」的美景，有緣遇見，自必然是高山健行最大收穫之一。此畫是「五湖健行路線」的 Stellisee 湖泊。

2

From Central to Eastern

從中部移動至東部的豐富旅遊線

從中部移動至東部的豐富旅遊線

第一章關於瑞士中部，第三及四章則轉移到東邊的達佛斯（DAVOS）及聖莫里茨（ST. MORITZ），至於本章便是一條從中部移動至東部的豐富旅遊線。

在小鎮上渡過瑞士國慶

這旅遊線有兩個各有特色的小鎮成為我們的住宿據點，當中以阿彭策爾鎮（APPENZELL）最為特別，小鎮居民每年都會在聚在廣場上進行公投，不是用紙筆那一種，而是大家公開舉手投票表達自己的意願的這一種，而且我們在這鎮上還渡過瑞士國慶，去年在盧加諾（LUGANO）觀賞大城市的大型國慶活動，這次則見證了小鎮風情的國慶日，別有一番風味。

以東北大城市的世界文化遺產作結

聖加侖（ST. GALLEN）位於瑞士東北部，是聖加侖州的首府，本章的最後以這座東北大城市的著名地標作結，就是在1983 年被確定為世界文化遺產的聖加侖女修道院（CONVENT OF ST. GALLEN）。

聖加侖女修道院是一組文藝復興風格的宗教建築群，其巴洛克風格的大教堂及修道院圖書館是世界聞名，後者更是瑰寶之最，有著全世界最美麗、最古老圖書館的美名。

Convent of St. Gallen
聖加侖女修道院

阿爾卑斯山麓快線 Voralpen-Express | 左文扼要地指出本章的重點，其實可以用一條鐵道觀景路線串連起來，阿爾卑斯山麓快線，是瑞士少有的一帶領遊客觀賞平緩山丘、美麗鄉村的觀景路線，全程 2.15 小時，來往琉森（Lucerne）與聖加倫之間，共 14 個車站，每天對開 13 班，每小時一班；本章提及的地方都可從沿線下車或有延伸路線。順帶一提，琉森與聖加倫之間其實有很多班次的列車，搭不上阿爾卑斯山麓快線，也可以搭其他班次，很方便。

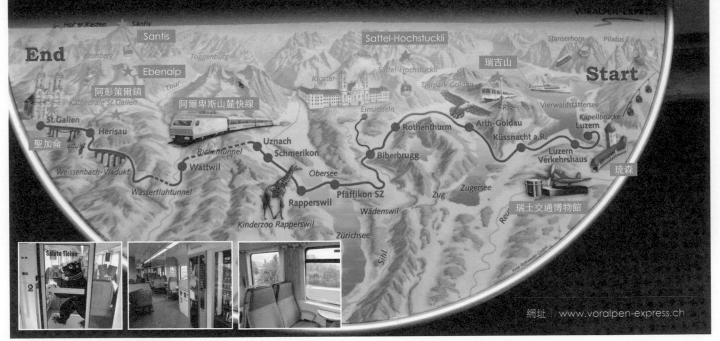

網址 | www.voralpen-express.ch

古色古香的瑞士舊火車

小朋友還可以扮演砂石場工人，操作超過十種的砂石場運輸工具，超好玩！

戶外展區的超大瑞士航空飛機

第 1 站：大型「玩樂 + 體驗」交通樂園 —瑞士交通博物館

沒想到瑞士除了擁有精采的湖光山色，博物館也讓人驚喜連連！這裡不只是交通工具博物館，而是佔地二萬平方公尺、展品超過三千件的海陸空交通的「主題樂園」，幾乎全部的交通工具都可以讓大家觸摸和操作，例如在機動火車頭模擬區，遊客可以親自體驗駕駛火車的感覺，小朋友大人都玩得樂而忘返。

瑞士交通博物館於 1959 年正式開放，是歐洲最大，分為火車、飛機、輪船和汽車等數座大展覽館，通過展覽、模擬演示、互動式遊戲設計和 IMAX 立體電影等形式，深入淺出地介紹交通和通訊的發展歷程及知識。

飛機館的戶外展區擺了一架超級大的瑞士航空飛機，型號 CONVAIR 990 CORONADO，它在 1975 年時跨越琉森湖後，從此安居在這裡，目前飛機裡不停地播放當年如何將這台巨無霸運來博物館的影片。

博物館坐落於環境優美的琉森湖畔，十分接近琉森市，如果從火車站出發，是阿爾卑斯山麓快線的第二站，坐班次較密集的巴士 6 號或 8 號會更好，大約六分鐘在 VERKEHRSHAUS 站下車；反之從聖加侖坐火車來的話，在倒數第二站 SWISS MUSEUM OF TRANSPORT 下車。如果碰巧遇到不好的天氣，無法上山欣賞美景，不妨到這裡走一走，館內豐富的收藏品，絕對不會讓你們失望喔！

瑞士交通博物館

網址｜ www.verkehrshaus.ch

門票｜大人 30 瑞郎、6～6 歲小孩 15 瑞郎、6 歲以下小孩免費，持 Swiss Travel Pass 可享半價。

第 2 站：琉森三大名山 —— 瑞吉山

從琉森出發，阿爾卑斯山麓快線只需 34 分鐘便到達 Arth-Goldau 站，遊客可轉乘瑞吉山登山鐵道（Rigi mountain raily）上山。

瑞吉山是欣賞日出與日落美景的絕佳所在地，英國的維多利亞女王（Queen Victoria）曾於 1868 年挑選此山作為她假期中的重要目的地，此山自此聲名遠播，並有了「Queen of the Mountains」（皇后之山巒）的美名。

紅色車身的火車抵達山頂，大家蜂湧到觀景台。

歐洲歷史最悠久的齒輪火車

想要登上海拔 1800 公尺的瑞吉山山頂（Rigi Kulm），共有三個地方：兩處是搭乘齒軌鐵路、一處是搭纜車；齒軌鐵路分別是 Arth Goldau 與 Vitznau，前者是藍色車身，後者則是紅色；值得一提的是，由 Vitznau 到 Rigi Kulm 這段建於 1871 年，為全歐洲歷史最悠久的齒輪火車，因此有不少旅客都以懷舊心情體驗這古老的鐵道。

另外，旅客亦可選擇遊船前往，琉森碼頭開出的遊船會先經過 Weggis 才到達 Vitznau，所以往 Vitznau 亦可坐船，在 Weggis 小鎮碼頭下船後，再步行約 15 分鐘搭乘登山纜車。不過，纜車只會載乘客到山腰的 Rigi-Kaltbad 站，還需轉乘在 Vitznau 開出的齒輪火車，才能真正抵達山頂。

山頂車站旁設有一張張長椅，旅客可安坐眺遠美景。

免費乘坐瑞吉登山鐵道上山

如果想一次全部體驗瑞吉山的交通，我則是推薦坐船到 Weggis，先坐纜車，在 Rigi-Kaltbad 站換乘紅色的齒輪火車，在山頂遊玩後，最後搭藍色的齒輪火車從另一方向下山，相反方向亦可。姑且不論你如何規劃，記得持有 Swiss Travel Pass，上述的全部交通都是免費！

藍色車身的火車在 Arth Goldau 接送旅客登山。

本章的第 1 及 2 站，事實上是我們去年的行程，由於都在阿爾卑斯山麓快線上，便納入這一章精簡地介紹，如欲了解更多可參考前作。接著，我們就要告別琉森市往山間旅遊區 SATTEL-HOCHSTUCKLI，還在那裡的山間旅館住上一晚！

從中部移動至東部的旅遊推薦

瑞吉山頂上唯一的旅館 Rigi Kulm Hotel，建於 1816 年，是歐洲的古老旅館之一，由於早已重建，目前已經相當現代化。在餐廳裡向外遠望，只見一整排白靄靄的雪峰，相當迷人！

網址｜www.rigi.ch

瑞吉山山頂 Rigi Kulm
在頂峰享有寬廣的視野，可以俯瞰整個阿爾
卑斯山脈，甚至遠至德國及法國。

Sattel-Hochstuckli

住在適合一家大小的山間旅遊區

SATTEL-HOCHSTUCKLI 雖然較不為外國旅客所熟悉，但這個山間旅遊區的玩樂設施以帶著孩子的家庭旅行為主，健行的景色優美又易行，一天可輕輕鬆鬆走完，十分適合來一趟日歸旅行！

從琉森出發，約一小時

它位於施維茨州（SCHWYZ）內阿爾卑斯山脈的山麓中，從琉森搭火車前往，在 ARTH-GOLDAU 站（即是登上瑞吉山的車站）轉車，然後在 SATTEL-AEGERI 站下車，全程約一小時，再走幾分鐘便抵達纜車站；這裡的登山纜車是 360 度旋轉纜車車廂（REVOLVING GONDOLA），途中會自轉兩次，清楚地欣賞四周的景色後便抵達 MOSTEBLBERG（1200 公尺）。

步出纜車站就是一大片平緩廣闊的山谷，左右兩邊的山頭不太高，SATTEL-HOCHSTUCKLI 這名字，SATTEL 是山腳的小鎮，HOCHSTUCKLI 則是這山區內最高的山峰，標高 1600 公尺，就在正前方的最遠處，遊客可健行至那個山頭上。

正如一開始所說，這裡的設施及健行路線非常適合一家大小，在 MOSTEBLBERG 纜車站通常聚集許多人，歡樂尖叫聲此起彼落，有佔地面積廣闊的遊樂場，設有旱地雪橇滑道（600 公尺）、橡皮輪胎滑道（120 公尺）、彈跳床等多種設施；我們遇上不少剛抵達的小孩嚷著要馬上玩，父母們便這樣回應：「好啊，健行後我們便來玩一玩！」

佔地面積很大的遊樂場，設有讓大人小朋友大呼過癮的多項玩樂設施。

Raiffeisen Skywalk

健行的最後一段，就是這座號稱歐洲
最長的吊橋。

Travel Note

小資料：瑞士建國之始

施維茨州（德語：Schwyz，左圖是州徽）是中部的一個州，首府是施維茨市（Stadt Schwyz）。此州與烏里州（Uri）及翁特瓦爾登州（Unterwalden）為瑞士邦聯創始三個州域。

1291 年，這三州的領袖在琉森湖畔的呂特利（Rutli）締結盟約，以抵抗神聖羅馬帝國哈布斯堡王朝的控制，是為瑞士建國之始。瑞士的德語國名 Schweiz 也是從施維茨州（Schwyz）演變而來，可見此州對瑞士邦聯的歷史意義何等重要。

二戰期間，美軍大量採購施維茨十字（schwyzcross）的瑞士軍刀，因而推動世界各地廣泛使用此刀。「瑞士軍刀」的德語發音「Offiziermesser」非常繞口，美軍乾脆將它稱為「Swiss army knife」，即是「瑞士軍刀」；瑞士軍刀品牌 Victorinox 維氏的總部亦設在此州內。

入夜後，這山區旅遊區並非與世隔絕

　　這天早上，我們拉著行李跟琉森說再見，準備在這旅遊區內的山間旅館休息一晚。不過，不要以為這裡會像鐵力士山的特呂布湖區那般與世隔絕，其實從山腳小鎮到 MOSTEBLBERG 這段山坡上建有不少一排排的房子，房子數量多自然便有行車路，旅客或本地居民都可以駕車上來，因此不用趕在纜車停駛前下山，而且山間裡有好幾間餐廳，不少人傍晚用餐後才慢慢開車下山。纜車首班在 08：45 發車，末班則是平日 17：30、假日 18:00。

我們旅程的第二間山間旅館

　　整個山區有兩座小型旅館，纜車站旁的 BERGGASTHAUS MOSTELBERG，對搭纜車上來的旅客最為方便，另一間 BERGGASTHAUS HERRENBODEN 需要多走 20 分鐘，適合背包客

或駕車的旅客，也是中午我們享用午餐的地方。我們先在前處放下行李，然後便輕裝去健行。

我們的健行規劃

　　打開地圖，分析五條主要的健行路線，它們互有重疊，1、2 及 5 號路線都是平緩之路，也最多人選擇。首先 1 號為必走路線，接待我們的纜車公司職員推薦說這條的景色最為優美；另一亮點是有一座長 374 公尺、高 58 公尺的歐洲最長吊橋，就在 2 號路線上，因此我們先走 1 號，在途中餐廳用午餐，下午才走 2 號，最後橫過吊橋便回到 MOSTEBLBERG，全天的健行之旅就這樣輕鬆完成。

1 號路線的初段是走在綠蔭底下，相當舒服；途中還遇上一家人正在用木柴生火準備燒烤，木柴是取自這個山區。

左：Sattel-Aegeri 站外面的指示牌，七分鐘可走到纜車站。

中：Mosteblberg 就在這山頭上，標高 1200 公尺。

右：坐上纜車上山啦！

左是我們的山間旅館，右是纜車站。

Sattel-Hochstuckli

1 號路線：易走，官方時間 1.5 ～ 2 小時

2 號路線：中等，官方時間 40 分鐘

3 號路線：易走，官方時間 2 小時

4 號路線：中等，官方時間 2.5 小時

5 號路線：易走，官方時間 30 分鐘

—————— 我們的健行路線

———— 可看到最美景色的一段

此段路可欣賞到最廣闊的景色

Sattel-Hochstuckli 山區地圖

旅客可在纜車站內索取，或從 www.sattel-hochstuckli.ch 下載。

上及下：這山區都是以輕鬆易走的健行路線為主，適合帶小朋友來走一回。

完整欣賞山區的不同面貌

至於 3 及 4 號的難度較高一些，走得更深入，4 號還可以走到山區最高的 HOCHSTUCKLI 山峰，由於我們經歷了英格堡兩天健行之旅，體力還未完全回復，這天還是選一些時間較短、易走的路線。因此在體力和時間均充足情況下，我們建議順序走 1 號線、4 號線及 2 號線，這樣可較為完整地欣賞山區的不同面貌，不過連續走完 1 號線及 4 號線，所需時間是四小時以上，要留意中途並沒有餐廳，需要帶備足夠乾糧和水。雖說這山間的規劃以老幼皆宜為主，但也有具挑戰性的健行路線。

湖水藍、湖水綠都是如此迷人

假使問我，在整段旅程中最容易走的健行路線有幾條？我想這天所走的毫無疑問就是其中之一。離開 1 號路線初段的濃密樹林區後，相當耀眼的藍天白雲馬上展現，步行路徑在斜度不高的山坡，在右邊可眺望山下的景色，一望之下，近處有湖水綠的勞瓦茲湖（LAUERZERSEE），一排山峰之後又見另一個湖泊，即是面積更大的琉森湖，因為角度及距離關係只露出一角。琉森湖的湖水藍散發著另一種味道的美感，與湖水綠一樣牽引著我的視線。

看著、看著，便想起曾經在琉森湖泊上坐船的寧靜和諧時光，此刻它仿似在遠遠的等候我們再訪一樣。

Berggasthaus Herrenboden ｜當我們走完 1 號線，就在這間山間餐廳吃午餐，相當熱鬧，等了一下才有空位。

勞瓦茲湖 Lauerzersee（近）
琉森湖 Vierwaldstattersee（遠）

在平坦的山路上慢步，與兩個散發著迥然不
同美景的湖泊對望著。

Kleiner Mylthen
（1811 公尺）

Grosser Mythen
（1898 公尺）

遠望兩個湖泊後，便是一幅遼闊群山的景色，
十分賞心悅目！

自助式銷售的起司

　　中途，遇上好幾間起司小工廠，我想在瑞士山區健行，除了山間餐廳、旅館外，牧牛場和起司工廠就是最常見的。下圖是其中的一間，經過時已經中午 12 點多，從外面察看裡面好像沒有人在工作。但見到兩名旅客站在工廠外的冷藏櫃前細聲地討論中，這時候見到他們打開冷藏櫃的門，取出一件包裝好的小起司放進背包，最後掏錢放進冷藏櫃旁邊的錢箱內，滿心高興地離開。

　　我們走近看一看，價錢牌寫著藍莓等多種味道的優格（250GM）為 2 瑞郎、牛油（100GM）為 3.8 瑞郎……至於主角起司，則是一塊塊是切成大小不一，依重量計算，每件 6 至 11 瑞郎不定。原來如此，這類山區起司工廠除了有專人販售，還會使用這種自助式銷售方法，真方便。

左：起司工廠，經過時為中午時分，大概裡面的人都在用餐。
右：旅客正在挑選起司及起司製品。

左：工廠外掛有飼養牛隻的品種及資料。
右：上層是大小不一的起司，下層是不同味道的優格。

一趟合家歡的空中體驗

　　大約下午四點多來到健行的最後一段 RAIFFEISEN SKYWALK，全長 374 公尺，在 2010 年完成，建於 LAUITOBEL 綠蔭山谷之上，兩旁盡是高高低低的各種樹木，距離谷底有 58 公尺，望下去是一大片叢林。

　　這是一座瑞士人自己監督及建造的現代化吊橋，由四根直徑 5 公分的鋼纜拉動及支撐，單根的承載能力為 250 噸，並且動用 20 公尺長的地錨固定在地面上，相當堅固安全。此外，橋上各處安裝影像及風力監測器，嚴密監控；同時也會限制接待旅客的時間，每天早上 9 時至下午 4 時 15 分鐘為開放時間，其餘時段會封橋。換言之，走在這座歐洲最長吊橋，不安全的感覺一點都沒有，反而是一趟適合全家的空中體驗，橋的入口也掛有牌子，說明嬰兒車、輪椅旅客、甚至自行車旅客通通都可以通過。

　　話說回來，我一開始也無法放鬆心情，不自覺地張開雙手扶住兩邊的圍欄，以慢速的小步走過去……這種緊張的氣氛竟然一下子消失，只因一位悠然自得地觀賞著景色、同時又推著嬰兒車的媽媽出現於前方。

左：無論男女老幼都扶著圍欄慢步走。
中：橋的閘口，下午 4 時 15 分鐘便封橋。
右：風力監測器

左：橋的寬度為 90 至 180 公分，照片中為最窄的一段，大家需要互讓一下。
中：嬰兒車、輪椅和單車旅客皆歡迎通過。
右：就是這位推著嬰兒車的媽媽，看她多麼自在！

住在一般瑞士大家庭的木屋裡

結束健行之旅，最後在遊樂場玩了一下旱地雪橇滑道和橡皮輪胎滑道，盡興後才返回旅館休息。

相對前一天在特呂布湖的大型山間旅館，住在小小的山間旅館，就像入住一般瑞士大家庭的木屋一般，又是另一番特別體驗。BERGGASTHAUS MOSTELBERG 是一間兩層的小型旅館，一樓是餐廳，外面還有戶外用餐區，白天時特別多人坐在外邊欣賞山區景色。

我們穿過餐廳時，跟待應微笑點頭，便繞到後面的樓梯爬到二樓的客房；這晚的住客除了我們外，還有好幾個家庭，有些還帶著祖父祖母一起來。

充滿溫暖風情的休息空間

二樓有八間房間，我們入住的這間有兩張單人床，以及一組上下鋪，我想這原本應該是一間家庭房。桌子、衣櫃等傢俱都是木製，予人樸實自然的感覺，讓整個空間都充滿了溫暖的風情。

共用浴室的雙人房間

打開房間的兩扇窗戶，空氣對流起來，十分涼爽，相當舒服。窗子下方是戶外用餐區，

JACKMAN 便趁樓下旅客不注意之時，將他們通通畫進自己的寫生本裡。房間內只有洗手設備，浴室和廁所則在外面的走廊，分為男女廁所，以及兩間共用的浴室，雖然是共用，但使用起來沒有感到不便。這樣房間連早餐的費用，每人為 49 瑞郎。

一片歡樂的氛圍

傍晚來臨旅館的餐廳已擠滿住客，把酒言歡的一片愉快氛圍，雖然與外面的靜謐環境形成強烈的違和感，不過我們樂於被這熱絡氣氛感染和包圍。在美妙夕陽下，端上來每一道菜變得格外美味，大家都開懷暢吃！

上：我們的雙人房，實則是間家庭房，可容下四人。中：窗外的日落餘暉，為晚餐添上另一道美味的主菜。下：晚餐主菜之一，一份重 300 克的香草羊排，價錢為49.5 瑞郎。左：Jackman 在房間窗前寫生，旁邊是洗手設備，好一幅構圖特別的照片。

網址｜www.sattel-hochstuckli.ch
登山纜車｜來回 22 瑞郎，持 Swiss Travel Pass 可享半價
山間旅館（Berggasthaus Mostelberg）｜www.mostelberg.ch
山間旅館（Berggasthaus Herrenboden）｜www.herrenboden.ch

Appenzell
阿彭策爾地區

走入瑞士的特色傳統

我們在 SATTEL-HOCHSTUCKLI 完成了一趟輕鬆之旅，第二天清晨體力完全恢復後，便開始不斷移動的緊湊豐富行程。坐上最早班次的纜車下山，在 SATTEL-AEGERI 站換乘火車，十分鐘後抵達 ROTHENTHURM 站，終於回到主要鐵路線上，也就是我們的「從中部到東部的移動旅遊線」，於09：28 接上熟悉的阿爾卑斯山麓快線，便一直往東北方向高速行駛。

兩個阿彭策爾州

列車離開施維茨州（SCHWYZ），進入面積廣大的聖加侖州（ST. GALLEN），查看地圖，可以發現到聖加侖州是包圍著兩個互相接壤的州，分別是外阿彭策爾州（APPENZELL AUSSERRHODEN）及內阿彭策爾州（APPENZELL INNERRHODEN），從字面不難猜到這兩個州有著密切的關係。原本兩者屬於阿彭策爾州

（APPENZELL），但在 1597 年因為宗教等原因，分裂為現在的外阿彭策爾州及內阿彭策爾州。

前者的首府是黑里紹鎮（HERISAU），後者是阿彭策爾鎮（APPENZELL），也就是接下來兩晚的住宿地點。此外，內阿彭策爾州也是瑞士各州之中，人口最少的地域，約一萬五千多人，阿彭策爾鎮的常住居民有 7000 人，佔去整個州的一半人口。

瑞士最具田園詩意的小鎮

阿彭策爾鎮，被稱為瑞士最具田園詩意的小鎮之一，位於阿爾卑斯山區與博登湖（BODENSEE）之間一段山勢起伏的緩坡上，就在東北大城市聖加侖以南。質樸迷人的小鎮內，古舊建築及遺跡頗多，並且傳統文化保存妥善，都是吸引我們深入探索的美麗原因。

上：接近目的地時，窗外景色盡是一大片綠茵草地。

中：紅色車身的 Appenzeller Bahnen，是此地區的地方鐵道，AB 為簡寫。

下：列車內的車站及地圖資料牌。

阿彭策爾鎮 Appenzell
古樸小鎮座落於如大海上重重波浪的連綿山
巒之間。

上及中：阿彭策爾起司是名物，我們自然也在鎮上購入。下：在前往小鎮途中，Jackman 已急不及待暢飲起來，這款藍色罐身的阿彭策爾啤酒在全國超市都可買到。

每年在廣場上進行全民投票

還有另一特色，就是內阿彭策爾州一年一度的州民大會（LANDSGEMEINDE）會在小鎮上的廣場舉行。州民大會是瑞士直接民主的一種最古老、最簡單的形式，目前全瑞士只有少部分地方仍然每年都舉行，阿彭策爾鎮是少數之一。合資格選民每年在露天廣場聚集一次，就政府官員的選舉、對憲法、法律的制定和稅率的高低等進行投票，他們透過舉手表示贊成，這麼特別的州民大會稍後會有詳細的分享。

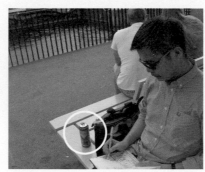

Jackman 在琉森湖邊寫生時，已經開始初嘗藍色罐身的阿彭策爾啤酒了！

奇香無比的阿彭策爾起司

也許，在抵達阿彭策爾鎮前，有些人已經對「APPENZELL」這個名字有些印象，我想大概在瑞士大多數城市的超市內都有不少「APPENZELL名物」！全瑞士共有九大種起司產區，包括最大塊、最常被人統稱為「瑞士起司」的愛蒙塔爾起司（EMMENTAL）、通常用作烤起司的拉克萊特起司（RACLETTE），至於屬於半硬質的阿彭策爾起司（APPENZELLER），每個約 6 至 8 公斤，塊小且紮實，奇香無比、味道濃郁、口感勁道，具有與眾不同的香味，在全國廣泛銷售。

選用此山區的純淨泉水釀造的啤酒

阿彭策爾啤酒（APPENZELLER BEER）是另一名物，你能在全國大大小小的超市中找到其踪影。此啤酒於 19 世紀開始便一直在這個山區釀造，取用州內 ALPSTEIN MASSIF 高山上的純淨泉水，更指定使用「春天的泉水」。

坐上地方鐵道

列車來到黑里紹（HERISAU），就是外阿彭策爾州的首府，在此換上地方鐵道 APPENZELLER BAHNEN，半小時後終於抵達目的地。

阿彭策爾地區的地圖

旅客可在車站及旅館內索取，或在 www.appenzell.ch 下載。

Santis（2502 公尺）

Schwagalp

Urnasch

Ebenalp

Wasserauen

阿彭策爾地區的旅遊規劃

1. 在阿彭策爾鎮住宿兩個晚上。

2. 在阿彭策爾鎮散策，欣賞田園小鎮的風光。

3. 在小鎮上渡過瑞士國慶日。

4. 阿彭策爾鎮近郊旅行（一）：探訪倚著山壁而興建的山崖旅館
（Appenzell → Wasserauen → Ebenalp）

5. 阿彭策爾鎮近郊旅行（二）：登上此地區之最高山峰（Appenzell →
Urnasch → Schwagalp → Santis）

左：Ebenalp 纜車站。右：在 Urnasch 火車站，需要
換乘郵政巴士前往 Schwagalp 纜車站。

熊熊熊的世界

　　內阿彭策爾州與外阿彭策爾州的關係既然如此密切，難怪兩個州徽也十分相似。兩者均以白色為底色，繪有一隻面向左邊的直立雄性黑熊，一臉凶猛，伸著紅色舌頭，分別在於外阿彭策爾州徽多了「VR」。此外，以熊為主角的州徽還有伯恩州（BERN），為四腳爬行的雄性黑熊，神情比較友善。綜觀三隻熊的身形都是健壯，不是胖胖的！上面的照片都是拍攝於阿彭策爾鎮，細心觀察右下圖的直立黑熊，胖胖的身形，手上還多了紅色圓環，原來這是「阿彭策爾鎮的鎮徽」；內阿彭策爾州本身劃分為六區，每一區也有自己的鎮徽。

外阿彭策爾州徽　　內阿彭策爾州徽　　伯恩州徽

傳統瑞士山區生活的彩繪啤酒標籤

超過百年歷史的阿彭策爾啤酒，有淡啤、黑啤、麥啤、有機啤以及水果口味等，至今已研發了20多種口味，如葡萄酒一樣，適合配搭各式食物，帶出味蕾上多重享受。

瓶子上的藝術酒標，更帶來視覺上的豐富享受，大樹下乘涼、放牧、秋收都是當地農民的日常生活寫照，藍色罐身上有穿著當地傳統服飾的小男孩在湖邊牧牛，這一款最常見；JACKMAN由北部到南部、再由東邊到西邊早已喝下許多的阿彭策爾啤酒，成為他最愛的瑞士啤酒之一，這次他自然把握機會要品嚐更多特別味道的當地酒！

Appenzell
阿彭策爾鎮

保留著濃郁瑞士傳統特色的小鎮

坐落於舒緩山崗上的阿彭策爾鎮，常住居民有七千多，充滿濃厚田園氣息，讓人感受到特別的輕鬆與愜意。

構成一幅瑞士鄉村的完美畫面

對瑞士傳統有興趣的旅客，通常不會錯過這個美麗小鎮，鎮上的傳統十分有名，村民至今還保留著久遠的風俗習慣與節日，另外繽紛的古老木房子、精緻的鑄鐵招牌、傳統服飾、紡織品、繪畫、阿彭策爾起司、阿彭策爾啤酒、初夏的趕牛上山節、深秋的趕牛下山節、冬天的驅鬼節、四月最後周日的露天公投等，都是這裡的特色。還有鎮上的古建築較多，被列為國家古蹟包括堂區教堂、市政廳、SALESIS 大屋、CLANX 城堡廢墟及州檔案館行政大樓，這一切都構成一幅瑞士鄉村的完美風情畫。

讓人看得入迷的繽紛色彩大街

步出火車站，一直走便可順利進入禁行汽車的

HAUPTGASSE 大道，就是小鎮的精華地段，餐廳、商店及旅館林立，一邊的盡頭是堂區教堂，另一邊是舉行公投的廣場。轉入掛滿旗幟的大街，馬上彷如進入童話國度，一雙眼睛自動地對焦在每一座繪滿壁畫的房子，教每一位初次到訪的旅客看得入迷。

補給站：火車站便利店

除非是自駕旅遊，阿彭策爾火車站就是旅客抵達小鎮的第一個地方，站內的便利店，記得不要錯過。它可是重要的補給站，因為鎮上可以買到食物、飲料的店鋪都在下午五點後及星期天關門。從小鎮大街走回到火車站，也只要數分鐘，這便利店就是你的救星，關門是晚上七點整。

左及右；小鎮街道禁止汽車駛入，旅客可以寫意的散步，細意欣賞外牆塗上漂亮色彩的房子。

Appenzell
阿彭策爾鎮

捲曲的屋頂線

上：Bazaar Hersche。
下：其他擁有捲曲屋頂線的建築，左圖是火車站，右圖是堂區教堂附近的旅館 Hotel Cafe Adler。

鱗次櫛比、讓人留連忘返的傳統彩繪大屋

這些四至五層高的彩繪大屋，主要位於大街及小巷之間，加上每戶的鑄鐵招牌精美得猶如藝術品，讓整個小鎮充滿生氣。走在處處體現藝術氣息的大街上，勾起我們去年在瑞士北邊沙夫豪森（SCHAFFHAUSEN）的旅行片段，那裡房屋的牆壁都漆上濕壁畫及建有凸肚窗，這裡的房屋繪畫與那些濕壁畫的風格完全不同，沒有金、銀色等絢爛奪目，顏色多是柔和的大自然色彩或粉色系列，散發原始和平實的感覺，又帶點童趣風，與小鎮的質樸民風互相呼應。

小鎮房子的建築特色：捲曲的屋頂線

小鎮房子的特色，除了正面繪有各式各樣圖案外，就是捲曲的屋頂線，使得房屋外形看起來格外優雅、高貴。至於圖案內容，除了「特別主題」外，大多與村民的生活息息相關，離不開農村田園的風光、高山植物、牛群、身穿傳統服飾的牧民、傳統節日等，偶然還見到在州徽或鎮徽出現的直立黑雄。接下來會介紹好幾座擁有「特別主題」、最不可錯過的彩繪建築！

必看：充滿童趣的 Bazaar Hersche

先介紹這一間 BAZAAR HERSCHE，因為是一座充滿童趣的房子，正面共有 21 幅畫作，繪出小鎮孩子們在一年四季的各種傳統遊戲、有趣生活等，最上方是春季，冬天就在下方，把孩子們的夢想及愉快通通展現在大屋正面！

房子最初屬於瑞士聯邦政府，負責運輸、商務等。1896 年由 HERSCHE 家族擁有，目前已傳至第四代，現時房子底層是販售玩具、精品、紀念品的商店；第四代在 2000 年著手進行繪製這些童畫，由當地畫家 MARKUS FISCHLI 負責完成，從此成為此鎮一大景點！

看著滿載歡樂的畫作，真羨慕小鎮的孩子啊，仔細一看，在每幅畫中有一只可愛的黑熊或棕熊！

必看：展示各種草藥繪畫的 Lowen-Drogerie

LOWEN-DROGERIEN 是德文，即是 LIONS DRUGSTORE，這座深紅色的獅子老藥房位於大街上，正面有多幅藥用植物的繪畫非常精美，與藥房真是完美的結合。小鎮在 1560 年發生一場大火，大部分木房子被燒毀，這座五層高的房子在小鎮重建時開始建造，三角形與捲曲形混合而成的屋頂線一開始便出現，房子主色是白色。20 世紀初，這裡是一間褲子店，直至 1926 年，房子主人 HANS DOBLER 與其母親改為開設藥品店，後來才正式改名為 LOWEN-DROGERIEN。

1931 年，HANS DOBLER 決定為房子一改面貌，在其妹夫 JOHANNES HUGENTOBLER 協力下，房子刷上深紅色，藥草插畫也是他提出及親自繪畫的，13 幅藥草繪畫在下方均寫上藥草名稱。藥房現由第三代經營，房子也翻新了數次，但其正面的美麗藥草插畫依然保留，同樣成為小鎮的主要景點！

必看：八個人生階般的 Konkordia House

KONKORDIA HOUSE 建於 17 世紀，是貴族的大屋，遠看起來有點普通，只要走近一點抬頭望向其陡峭的大屋脊內側，便看到人生九個階段的圖案，從左下方開始是 10 歲的小男孩，接著是 20 歲的青少年、30 歲的成年人……直至 90 歲的老年人，交織著豐富漫長的人生。這屋簷下的畫作，由 AUGUST SCHMID 於 1930 年繪製完成。據說現時，州長及家人居住在裡面。

必看：傾訴獨立戰事的市政廳

市政廳（RATHAUS）在 1560 年大火中被燒毀，只餘下小部分，目前的建築為重建。其正面的氣勢十足的壁畫於 1927 年才繪製上去，同是由 AUGUST SCHMID 負責，為紀念 1401 至 1429 年期間阿彭策爾發生的一連串爭取獨立的戰事，被稱為 APPENZELL WARS。市政廳已列為瑞士的國家古蹟。

1560 年大火災，只有少數木房子逃過此劫，右圖上標明此屋建於 1560 年之前。此後，村民開始採用石塊等材料建造房子。

Lowen-Drogerien、Konkordia House 及市政廳。

協和屋 Konkordia House
生階般的需要和發展。

市政廳 Rathaus
市政廳壁畫的左方是 1405 年發生於 Stoss 的一場戰事，當時人們開始爭取獨立；右邊則代表人們在戰事完結後凱旋而歸。

獅子老藥房 Löwen-Drogerie

琳瑯滿目的精緻招牌

　　小鎮另一迷人之處，就是標誌出小鎮內的餐廳、旅館或店舖主題的特色牌匾，叫作 TAFEEN，製作得十分精緻。在鎮上走一回，觀賞了多件牌匾，本頁插畫及右頁正中央的招牌是我個人最喜愛的，由很多小配件組合而成，製作複雜，故事性十足。以本頁為例，下方工人正在工作中、中間的人在喝酒、左方的人則是前往工作的地方，隨行還有一隻可愛小貓！視點往下移便見到掛著各式各樣工具，就知道這裡是五金用品店；「KNECHTLE」是德文，不要誤會是五金用品的意思，其實只是商店老闆的姓名而已！接著，猜一猜右頁的牌匾，看看猜中多少個。

懸掛著的鐵製牌匾，畫龍點睛地讓建築物在簡潔中創造出與眾不同的美感！

答案：
1. 旅館（Gasthaus 是德文）2. 寢具店（Bettwaren 是德文）3. 餐廳
4. 旅館 5. 看到「INFORMATION」嗎？這是旅遊中心的招牌 6. 旅館
7. 香水店 8. 紀念品 9. 服飾店（Trachtenstube 是德文）

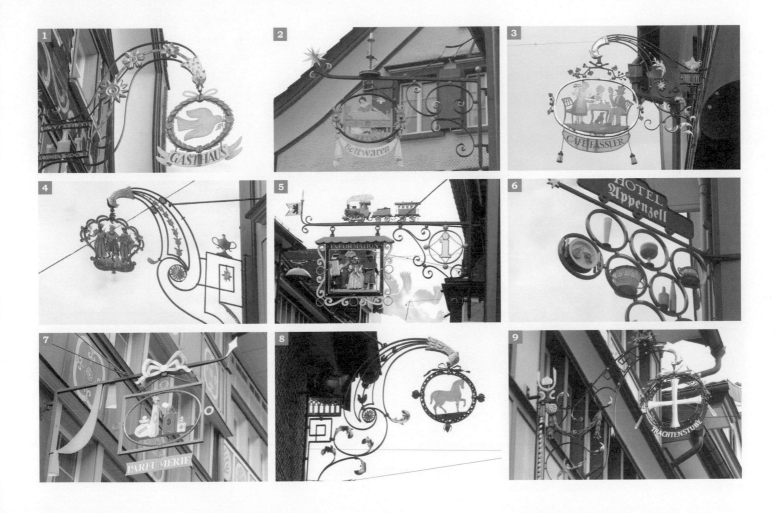

遠觀聖莫里斯教區教堂

在 1971 年，被列為瑞士國家古蹟的天主教堂區教堂，其正式名稱為聖莫里斯教區教堂（THE PARISH CHURCH OF ST. MAURITIUS），顧名思義，是紀念聖人聖 莫里斯（ST. MAURICE）。

第一代教堂建於 1069 年，內部是一個正方形的大廳；到了 1291 年，此地被來自奧地利的軍隊摧毀，及後在 13 世紀重建成一座羅馬式的教堂，至於鐘樓則於 1504 年建成，可是 1560 年大火同樣對教堂造成極大的破壞，還燒毀了很多寶貴的經書。及後又經歷多次重建，如今的外觀則在 1826 年所建成。

鐘樓高 45 公尺，走在大街上，由於角度關係，無法看清楚鐘樓向南那幅穿著羅馬戰士服飾的軍人壁畫，不妨多走幾步，在較遠距離便可找到最佳欣賞畫面。這兩天，我們因為近郊旅行都錯過了教堂的開放時段，所以找來官方照片，讓大家一睹洛可可風格的內部和猶如藝術品的祭壇。

教堂鐘樓　　　　　　教堂內部（官方照片）

聖莫里斯教區教堂
The parish church of St. Mauritius

多走幾步尋覓一下，果然就在下一個轉角回望，遇上
這幅彩繪房子與教堂鐘樓組成完美的畫面。

往在小鎮

HAUPTGASSE 大街兩端的一方是 LANDSGEMEINDE 廣場，我們入住的 HOTEL HECHT APPENZELL，則位於另一端，與市政廳、旅客中心及天主教堂區教堂聚在一塊。說到住宿，小鎮上有六間旅館，拉著行李來回火車站之間都很方便，一間四星級、四間三星級及一間二星級。

入住三星級旅館的寬敞房間

HOTEL HECHT APPENZELL 是一間經過翻新的三星級旅館，就在

人來往的大街上，又面向旅客中心，很容易找到。整間旅館都維護良好，步進大堂，感覺很溫暖。雙人房間有兩種等級，我們選擇了 DOUBLE ROOM DELUXE，價錢 220 瑞郎（包早餐），房間有 35 平方公尺，相當整潔，打開窗戶就能欣賞到小鎮美景，最愛的是寬敞的浴室。便宜一點的 DOUBLE ROOM STANDARD，價錢為 170 瑞郎，25 平方公尺也很足夠，從官網查看此房間的相片，浴室也很寬敞。順帶一提，此旅館的姊妹店就是鎮上唯一間的四星級旅館 ROMANTIK HOTEL SANTIS，位於 LANDSGEMEINDE 廣場那一邊，DOUBLE ROOM STANDARD 價錢為 200 瑞郎。

豐富又實用旅遊資訊的 Appenzell Guide。

Travel Note

旅遊小撇步

Appenzell Guide｜左圖的建築物一樓是旅客中心，上面為博物館。旅客中心派發的「Appenzell Guide」包含許多實用旅遊資訊，例如小鎮地圖、近郊景點介紹及地圖、近郊的登山交通時刻表……重點是還有十多個免費導覽團的資訊，最推薦的是 Traditional Guided Tour of Appenzell，即是小鎮的導覽團，逢周二早上十點整在中心集合，用一小時帶你完整認識小鎮；夏季還會在周四增加一團。其他吸引的導覽團還有起司示範、本地工藝導覽團、博物館導覽團等，在這本免費冊子裡都可找到。

Appenzell Card｜入住旅館三天或以上的旅客，在辦理入住手續時，旅館便會贈送 Appenzell Card，憑卡此區的全部大眾交通及登山纜車都可享免費，全部博物館亦可免費入場。這張卡真的很適合計劃在此地區作深度旅遊的朋友。

阿彭策爾旅遊局　網址｜ www.appenzell.ch　旅館｜ hecht-appenzell.ch

左上：旅館的外觀。右上：寬敞的房間。左下：房間的景觀。右下：浴室和可坐著的淋浴間。

Happy Swiss National Day !

　　每年八月一日是瑞士國慶，今年（2017 年）瑞士已是 726 歲了。根據瑞士聯邦的習慣，國慶這一天並沒有全國性的大型慶祝活動，而是由各州政府、大城小鎮、社區根據民情及傳統而舉行自己的國慶活動，例如以燈籠遊行、生營火、施放煙火、在山區裡放焰火或點燃篝火等方式慶祝，各有各自的精采。

瑞士國慶小麵包與國慶裝飾品

　　國慶前的數周，國旗、裝飾品及煙火便會在超市裡熱賣。外形討好的國慶小麵包，稱為 1ST AUGUST-WEGGEN，就是把麵糰切割和烘焙，製成了瑞士國旗的十字造形麵包，最後插上小國旗，每個重 90 至 240 克。第一個國慶小麵包出現於 1959 年，從此大受歡迎成為常吃的國慶食品，本地人會在家裡動手做，遊客則可在麵包店買到。

大城市的國慶煙火表演

　　大城市因為經費充足，因此國慶活動比較豐富，大型煙火表演通常是重頭戲。上次國慶時我們身處盧加諾（LUGANO），那是南部一處義風十足的瑞士沿湖大城。傍晚時，市長等一眾官員、連同來自多個領域的團體，在穿著整齊的傳統服裝的軍人引領下，浩浩盪盪在大道上展開遊行，我們就跟著本地人和許多旅客駐足在兩旁欣賞，至於煙火表演則在晚上十點多才上演，持續了約 20 分鐘左右，最後在熱烈的掌聲中圓滿落幕。至於這次，我們來到阿彭策爾小鎮，有幸見識到兩個差距很大的地方的國慶活動！

　　白天，我們完成了近郊旅程，回到旅館稍微休息，下午六點多再外出；這時候大街上的商店早已關門，街道上顯得相當冷清，不過當走近 LANDSGEMEINDE 廣場附近的小廣場，便傳來人聲鼎沸和美妙音樂。表演台前擺滿數十張長桌子，每張圍坐了十多人，大家就這樣興高采烈地觀賞著傳統舞蹈表演！

上：國慶裝飾品及小麵包。
中：小鎮村民圍坐在一起觀賞。
下：家家戶戶掛著國慶裝飾品。

此時此刻，只有鎮上的小廣場最為熱鬧，數以
百計的當地人聚在一起，沐浴在夕陽中欣賞著
精彩的國慶表演。

152
153

阿彭策爾州的傳統服飾

內阿彭策爾州傳統服飾以精緻的手工藝聞名，在眾多大城小鎮中屬於佼佼者，常令人留下深刻印象。我們眼前的表演，主角少男少女連同在旁演奏者，就是穿著異常美麗的內阿彭策爾州傳統服飾。傳統服飾主要出現在特別場合和重要節日中，例如天主教節日、國慶、趕牛上山節、最美乳牛競選、家族的重要慶祝或聚會等。

在台上表演的少男少女，穿上傳統服飾顯得非常可愛，討人喜歡！

趕牛上山節

在每年的 5 月中旬至 6 月，是當地很重要的傳統節日，穿著傳統服飾的小孩子提著彩繪牛奶木桶，引領著精心裝扮的牛群、羊群離開牧場，途經小鎮大街後才上山，每年會吸引很多遊客來欣賞。趕牛下山節則於 8 月中旬至 9 月底。

官方照片

彩繪牛奶木桶

牛奶木桶本身就是一件藝術品，底部繪有趕牛上山的傳統圖案，多麼美麗！

內彭策爾州的完整傳統服飾

1. 精緻的圓帽子
2. 右耳戴上金色耳環
3. 無領的紅色羊毛夾克及白色襯衫
4. 銀色方形鈕釦
5. 襯衫領及胸前的飾物
6. 腰側的飾品
7. 腰側的彩色方巾
8. 棕色羊毛褲
9. 長襪子
10. 鞋面的飾物

官方照片

蛇形金色耳環 | 耳環分為兩部分，上方是他們最常穿戴的「蛇形耳環」：在重要節日裡，才會加上「小的奶油杓子」。

各款飾物 | 鎮上的手工藝店展示多款傳統服飾的飾物，方形鈕釦、襯衫領口及胸前的飾物、耳環、戒子等，通通都有牛隻圖案。蛇形耳環（不包杓子）價錢為 40 瑞郎左右。

深情一吻 | 在輕快音樂中，這對少男少女翩翩起舞，舞姿甚美，當地人看得入迷，猜想他們大概從小就開始學習，每逢節日就會跳著這個舞蹈的緣故吧！表演的最後一段，他們還會輪流地深情一吻對方！

大塊肉、免費暢飲阿彭策爾啤酒

燒烤攤位販售的串燒及熱狗腸都很巨大，配上一個麵包，每款只要 10 瑞郎；現場觀看表演時，我們便吃了一串串燒，現烤現吃，美味不得了！然後再外帶一份熱狗腸，回去旅館慢慢享用。最令人興奮的是，全部飲品都是阿彭策爾啤酒公司贊助，多款啤酒、紅酒、白酒……通通是無限供應，即便是旅客也可以享受，右圖的黑啤酒是Jackman 最愛，這時候他已喝了三瓶還嫌不夠……

幾場動感活力的年青人舞蹈後，一幅截然不同的畫面徐徐上演，也成為我們觀賞小鎮國慶活動的最後一幕。柔和的音樂奏起，一對又一對老夫老妻紛紛走到台上，緩緩地跳起舞來，有的邊跳邊愉快地笑起來，有的靜靜地依靠著對方的肩膀，場面十分溫馨，讓我感到一股暖意在心裡流動著。

瑞士最直接的民主制度　每年一聚公開討論和投票

在阿彭策爾鎮上散步時，一定會經過 LANDSGEMEINDE 廣場，平日看似冷冷清清，可是在每年 4 月的最後一個周日，便會擠滿數以千計的人，熱熱鬧鬧，但不要以為是某個節日的慶祝活動，其實是一場影響整個州未來發展的重大嚴肅會議！

瑞士史上第一次群眾露天選舉大會

瑞士的 26 個州政府都有自己的憲法、議會及法院，只有格勞賓登州（GLARUS）和內阿彭策爾州保留著傳統的群眾露天選舉大會（LANDSGEMEINDE），又稱州民大會，以舉手投票方式來議決關乎整個洲的重要事項。州民大會在瑞士具有悠久的歷史，第一次舉行於 1294 年，曾經有八個州舉行過，內阿彭策爾州始於 1403 年。

三千名符合資格選民出席大會

內阿彭策爾州的群眾露天選舉大會，自然在其州府阿彭策爾鎮舉行。這天，參與集會者都是州內擁有投票權的選民（18 歲以上），整個州有一萬五千人，而每年大約有三千名選民出席。

世代相傳的寶劍就是身份象徵

選民出席時需要出示投票證（VOTING CARD）代表自己的法定資格，不過原本在 1991 年前是沒有投票證的，傳統是阿彭策爾的男士們必須隨身佩帶寶劍（BAYONET），這是把世代相傳的「家族寶劍」，也是代表其法定資格的象徵。投票證制度則於 1991 年後才實行，雖然如此仍有許多人堅守傳統，感到自豪地佩帶著祖宗留下來的寶劍參與。另外，此州是以男性為主的社會，民風保守，女性在 1991 年後才擁有投票權。

早上九點整，州長、議會代表、政府官員及市民在聖莫里斯教區教堂參加盛大的天主教崇拜，然後像巡遊般穿過 HAUPTGASSE 大道，走至廣場。

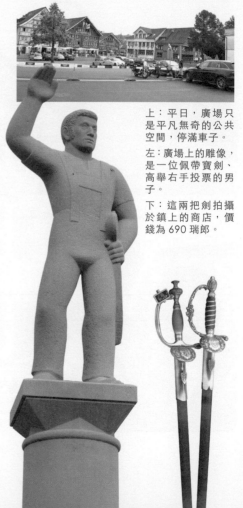

上：平日，廣場只是平凡無奇的公共空間，停滿車子。

左：廣場上的雕像，是一位佩帶寶劍、高舉右手投票的男子。

下：這兩把劍拍攝於鎮上的商店，價錢為 690 瑞郎。

中午十二點整，隨著教堂的鐘聲響起，大會也正式開始。大會上，州長等官員穿着黑色或灰色的長袍，在司法監督下就憲法、立法及經濟等議題進行發言，財政預算自是大家很關心的一環，此外州長、議會代表等選舉及宣誓也是在會上進行。

人人可發言，直至說完才投票

每一項決策前，必有討論時間，每一名選民均有權參與討論，所以一些較為爭議的議案，便會討論很久又激烈，直至全部想發言的人完結後，大家才舉手表決。投票時，是舉起「右手」表示贊成，當明顯地出現「大多數票」，公證人便宣布通過，否則他會逐一點算再作決定。選民除了有權討論及投票，也可以提出討論議案，需要在每年十月一日前申請。

當全部議案完成投票，現場氣氛也馬上變得輕鬆，接下來就是載歌載舞、暢飲言歡的愉快時光！

州民大會的缺點

世上沒有完美事情，歷史悠久的州民大會自然有缺點，例如公開地表達意見及投票，對於某些人也造成壓力。雖然如此，目前大多數人仍然支持此制度。

記得在四月最後周日來體驗

所以每年四月下旬，不少旅客也會把握時機，安排在四月最後的周日前來，在廣場上親眼見證這場古老的傳統民主大會，我相信應該是讓人大開眼界的另類體驗！

Landsgemeinde 是德文，可分為兩部分，
Lands 是指 Land（土地）或 canton（州），
Gemeinde 是指 Community（社區）

Appenzell
阿彭策爾鎮近郊

尋找隱藏於山崖邊的驚艷百年旅館

除了那些充滿童話色彩的房子，阿彭策爾鎮近郊的景色同樣令人眼前一亮！

近郊目的地：阿爾卑斯泰因山脈

阿爾卑斯泰因山（ALPSTEIN）是阿彭策爾鎮最接近的一組山脈，就在其南方，是內阿彭策爾州的主要山區，亦是我們近郊之旅所在地。在這山脈裡有兩個著名山峰，聖提斯峰（MOUNT SANTIS）與依本立（EBENALP），前者是山脈的最高點（2502公尺），後者則高1644公尺，各有獨特優美之處。

擁有多個美譽的懸崖旅館

先說依本立，是山脈中最北的一座山峰，位於其懸崖絕壁上的旅館 BERGGASTHAUS AESCHER，已超過170歲，只要上網一搜，這地方會令你驚喜萬分，「全球最隱秘景點之一」、「全球最有特色十家旅館之一」、「世界20大最令人興奮的旅館之一」等，BERGGASTHAUS AESCHER 必在其中，牽引著你的目光。

一道幾近垂直的陡峭懸崖

這天上午，旅遊局導遊與我們先在阿彭策爾鎮遊覽，然後在阿彭策爾火車站上車，十分鐘就抵達一個叫做 WASSERAUEN 的小村莊，小小的登山纜車站就在不遠之處。當纜車快要到達山頂，記得留意窗外的景色，一道幾近垂直的陡峭懸崖展現在眼前，遠眺一下便見到不少人在窄小的山路上，緩緩前進，看起來相當險要，稍後我們就要挑戰那段山路了！

坐纜車快要抵達山頂時，便見這幅畫面，紅點處有一條山路，大家就是從上方下行至那裡，山崖旅館就在另一邊；下方圓圈處可見到人們從山腳的纜車站一直步行上來。藍點是山洞教堂（Cave Chapel）。

Wasserauen 纜車站，從這裡可步行上山，約兩小時。坐纜車時便可飽覽山脈全景，沿途享受壯麗的風景。

依本立纜車站，主要健行
路線就從這裡展開。

Berggasthaus Aescher

古式古香的原木建築屹立崖邊，與幾近垂直的陡峭懸崖比
鄰。從這裡往外望，可以靜觀群山的連綿氣勢，以及日
落餘暉時的瞬息萬變；要更深入的體驗，便要住宿一夜，
日出之時，打開窗戶只見朵朵白雲在近距離飄過，一切
恍然如夢，令人嘆為觀止。

依本立的 11 條健行路線

　　記 得 在 纜 車 站 索 取 一 份 依 本 立 健 行 小 冊 子，封 面 就 是 BERGGASTHAUS AESCHER，可見它就是這一帶必去的景點。小冊子雖以依本立為中心，實則包含了整個阿爾卑斯泰因山脈，旅遊局推薦了不同難易度的 11 條健行路線，50 分鐘至五小時不等。

上山的 5 號路線

　　如果是徒步上山的話，可走 5 號路線，大約兩小時，沿途風光無限，但上坡路自然比較耗體力。

前往聖提斯峰的 11 號路線

　　11 號路線可算是最具充滿挑戰性，從依本立山頂纜車站開始，全程 4.5 小時走到 2504 公尺的聖提斯峰。往聖提斯峰途中，有一間旅館叫作 BERGGASTHAUS SCHAFLER（1924 公尺），人們可以在那兒休息或住宿。如果一口氣登至聖提斯峰，便可從聖提斯峰觀光塔，搭乘纜車下山。

最多人又輕鬆的 1 號路線

　　EBENALP → WILDKIRCHLI → ASCHER → EBENALP，只需 50 分鐘，就是這次尋找山崖旅館之行。

依本立健行小冊子

旅客可在纜車站內索取，右邊為手冊內的健行路線地圖或在 www. ebenalp.ch 下載。

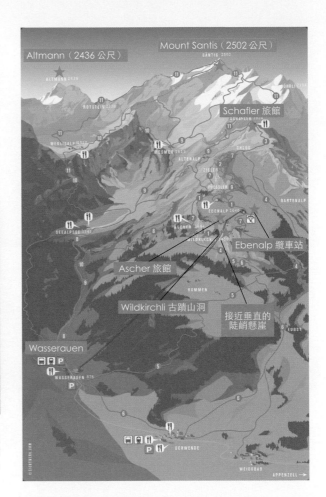

Altmann（2436 公尺）

Mount Santis（2502 公尺）

Schafler 旅館

Ebenalp 纜車站

Ascher 旅館

Wildkirchli 古蹟山洞

接近垂直的陡峭懸崖

Wasserauen

往聖提斯峰｜在阿彭策爾鎮坐火車到 Urnasch，在車站前換乘郵政巴士（左）；最後在 Schwagalp（右）坐纜車上山。

往聖加侖方向　　阿彭策爾鎮

Urnasch 火車站

Wasserauen

Ebenalp

Schwagalp 纜車站

Mount Santis

阿爾卑斯泰因山脈全景圖｜山脈的陡峭山岩適宜熱愛高山徒步和攀岩的挑戰者，從起伏和緩的丘陵地貌，到拔地而起的群山世界。

圖片來源：Hardcoreraveman

Google 衛星地圖

Berggasthaus Ebenalp

要在這山頭上找到能眺望很遠的地方,就是這裡了。
在山丘上遠眺一望無際的翠綠山林及湖景,還有山丘
上星羅棋布的房子,以及每條連接著家家戶戶的羊腸
小徑。 這無窮無盡的遼闊視野,彷似讓時間在這一瞬
間停留下來。

左:Ebenalp 旅館是百年老店,可提供約
120 人住宿,為三間旅館中最多的一間。
右:在餐廳的戶外空間坐下,寫意地欣賞
廣闊景致。

博登湖
（**Bodensee**）　德國

聖加侖市
（就在這組山後面）

依本立的真正最高點

　　纜車站建於平緩山坡上，也是這區的飛行傘天堂。這時天色相當好，大家散布在綠意盎然的山坡各處，一邊看著色彩繽紛的飛行傘在天空中飛動著，一邊盡情地欣賞整個阿彭策爾地區、環繞聖加侖的群山以及博登湖的美景。博登湖位於瑞士、奧地利和德國三國交界處，照片中博登湖的另一邊便是德國了。

　　纜車站周邊至聖提斯峰之間共有三間山間旅館，纜車站上方便是 BERGGASTHAUS EBENALP，BERGGASTHAUS 是德語的 MOUNTAIN GUESTHOUSE 之意。EBENALP 旅館昂然建於山峰之頂，那裡才是依本立的真正最高點（1644 公尺）。我們在這旅館享用午餐後便動身，後方可遠望阿爾卑斯泰因山脈中最高的阿特曼（ALTMANN）及聖提斯峰（SANTIS），山巒重疊，好不壯觀！這裡有兩條路，一是往聖提斯峰的 11 號路線，另一條是我們要走的 1 號路線。

　　1 號路線實則是一條環線，依本立纜車站及旅館各有一條山路，均是蜿蜒而下至垂直的陡斜山壁；下坡段是一段狹窄的山路，有部分甚至是鬆散的碎石路，雖然如此只要小心而行，就能輕易克服。瑞士人把山路開拓得這麼窄，是源於對自然的尊重，以最小的干預達到通行目的。

驚艷連連的木屋旅館

　　慢走下坡段需時 20 多分鐘，後段還有參天老樹與彩色小野花陪伴，小心翼翼行走的同時，也要偶然停步，感受一下迴盪在山谷間的秀麗風光。當抵達下面的平坦山路，心情變得輕鬆，繼續前行不久便見到三層高的木屋旅館，與幾近垂直的陡峭懸崖比鄰，高達 100 公尺。雖然看似險象環生，但它可是穩若泰山地佇立在巨石邊緣呢。

　　溫暖和熙，在這此如夢似幻的山崖木屋旅館用餐，眺望著壯麗山巒，洗滌凡塵俗事，絕對是一場感官饗宴。

地熱險要，運送物資

全是木頭的 BERGGASTHAUS AESCHER 已經 170 多歲，每年只在五月至十月底營業；位於如此險要的地勢上，亦不接近纜車站，運送物資及食水格外困難。在瑞士高山中的小旅館大多是家庭式營運，這間也是，目前是由 30 多歲 BERNHARD 和太太 NICOLE 一起經營，還有兩名年幼女兒，居住在其中兩間小房間，另外還有十多名員工。

大家睡在大通舖

木房子有三層，一樓是餐廳，二、三樓和閣樓是客房，可供 45 人食宿，房間都是可容納十人左右的大通舖，只提供最基本的設施。由於水源短缺，無法提供洗澡的地方，通常住客都只住一晚。補充一提，旅館在 2017 年進行維護工程，會暫停提供住宿服務，渴望在這裡住宿的朋友，記得查看其網站。

走進室內方知旅館的奧妙，岩石也成了奇景

戶外用餐地方絕對是黃金區，一邊享受美食，一邊欣賞如同仙境的美景，我們來到時候已是人頭鑽動，好不熱鬧，只好往內找座位，甫入室內便被奇景深深吸引著；話說在外面觀看時，以為木屋旅館是依著峭壁而建，沒想到它竟然是「緊貼地挨著」石壁而建，原來旅館用木板築起三道圍牆，靠山的一邊是山體，削平岩石，就是一道天然又堅固的牆壁。所以在室內餐廳區、廁所等便可見到岩石，這大片絕壁的岩石也成了最直接、最特別的裝潢。

內有乾坤的山洞教堂

　　小憩後我們繼續前行，迎面而來的人絡繹不絕，在轉角處可見從山邊開鑿出來的袖珍教堂。這山洞教堂（CAVE CHAPEL）建於 1621 年，內有聖壇、座椅和小鐘樓，可謂麻雀雖小，五臟俱全，據說今時今日當地人在特別日子都會在此舉行儀式。

　　右圖中的聖壇，其後方的石壁暗藏玄機。

仿如與世隔絕的百年老旅館，
在高低錯落一字排開的絕壁而建，
巧妙地融入逶迤延綿的山脈中。

Wildkirchli
史前人類生活的洞穴

進入山洞探秘

　　在山崖小路的盡頭有一個大洞穴，我們需要入內步行而上，這裡已是健行路線的最後一站，洞口另一邊不遠之處就是纜車站。

　　WILDKIRCHLI CAVES 是這處一組三個洞穴的統稱，在 1904 年的考古中發現三萬年前便有人類居住，推測這洞穴是當時人們在夏天打獵中途休息的地方。此外，隱士於 1658 年開始居住於此，現時洞穴入口的小木屋，便是昔日的隱士小木屋（HERMIT'S HOUSE），隱士每天在山洞教堂禱告並敲打五次鐘，還會飼養山羊，並依靠牧民贈送的奶油、起司和乳清等而生活。曾有一段時間，有群為數 20 多人居住在這裡，同時保護隱士及神聖地方。直至 1853 年，最後一位隱士逝世後，再也沒有人居往。木屋也一度成為山間旅館，目前改裝成小型展覽館，介紹這洞穴從史前人類到隱士的生活情況，旅客可以隨意免費入內觀賞。

　　洞內怪石嶙峋，石壁滲水，夾著微風吹進，我們深入洞穴看個究竟，石灰岩地質，寸草不生，如身處蠻荒世界；在微黃燈光引路下，地面用水泥鋪平很好走，中間還有扶手行人道，安全又放心。山洞除了留下史前人類生活的痕跡，還發現了八百種動物的遺骸，包括獅子、狼、山羊、羚羊等；洞熊的骨頭是最重大的發現，牠是史前活躍於歐洲的品種，已經絕種近三萬年，洞內的發現令研究人員十分驚訝。在依本立纜車站內便有一個洞熊的完整骨架模型，供人觀賞。

1. 洞穴入口的隱士小木屋，如今變成山中小展覽館。2. 展覽館內，每位旅客都會入內認識此洞穴從史前到現在的情況。3. 展覽館的畫作，呈現隱士小木屋後變成山間旅館的情況。4. 人們穿過洞穴時，亦可觀看到投射在岩石上的文字介紹。5. 車站內的洞熊骨架模型。

在崎嶇、窄小的山路上運送物資

圖片來源：
Schweizer Illustrierte

前 方 是 旅 館 經 營 者 Bernhard，正在窄小山路上運送物資。

左：坐纜車上山時所拍攝，運輸車停在洞口外。

右：我們沿著這條上坡路回到纜車站，旅館的人也是從這路艱辛地運送物資。

經營山崖旅館的艱難

　　步出洞口看見一架滿載空啤酒瓶的小型運輸車停在一旁，無疑是屬於 BERGGASTHAUS AESCHER，我們拍下照片，再加上後來上網找到一本稱為 SCHWEIZER ILLUSTRIERTE 的瑞士新聞雜誌，記者數年前訪問過旅館主人 BERNHARD，並拍下珍貴相片，於是我們結合兩者，正好解答了這間位於險要地勢的旅館如何解決運送物資的大難題。

　　他們就是使用小型運輸車運送空酒瓶、垃圾等，小心地在狹窄難走的山路上推動，穿過洞穴，再上行至纜車站，最後由纜車運送到山下。

　　至於送來的食材、飲料等等需要地方儲存，旅館之外，還有一個意想不到地方，就是山洞教堂，在聖壇後面有一個洞穴，昔日隱士大概就是在那裡存放重要物品，如今搖身一變成為天然冷藏櫃，夏天時洞內溫度約為六度，實在太巧妙了！

左：Bernhard 一人負責多項工作，人客多時，又會走到廚房幫忙；照片中他正在料理 Rosti 瑞士薯餅。右：Bernhard、太太 Nicole 為了經營這旅館，帶著兩名女兒，每年五月至十月底都會一起搬到山上生活。（照片來源：Schweizer Illustrierte）

暗藏玄機的聖壇

看似常見的聖壇，原來內有乾坤。

照片來源：
Schweizer Illustrierte

旅館的人繞過聖壇，從裡面搬出所需的物資。

照片來源：Schweizer Illustrierte

聖壇後別有洞天，這洞穴相當大，存放了食材及飲料。

阿爾卑斯泰因山脈中最高的山峰：聖提斯峰

近郊之旅第二站自然是聖提斯峰（SANTIS，2502 公尺），是阿爾卑斯泰因山脈中最高的山峰。最輕鬆的方法是搭火車到 URNASCH，再轉乘郵政巴士前往 SCHWAGALP，最後纜車就能快速地載你上到頂峰，在 360 度觀景台可同時把瑞士、德國、奧地利、列支敦士登、法國、義大利六國美景盡收眼底。

當旅客在 SCHWAGALP 下車的一刻，一定會被山峰石壁上的巨型瑞士國旗吸引著！2009 年的國慶時，當地人懸掛了一面邊長 120 公尺的國旗，創造出世界紀錄，舉國矚目。從此每年都舉行同樣的國慶活動，這天是七月 31 日，纜車越過山脊時，我們才在最近距離欣賞到這面最近剛懸掛上去的巨大國旗！

總結登上高山觀看景色的多次經驗，上午一定是最佳時刻，明朗天色下可以清晰地觀賞壯麗景色；中午以後雲霧開始變得特別多，所以我們在下午三時多才抵達（近郊之旅的兩個地方安排在同一天），滿山滿谷已是乳白色的雲霧，是那樣的深、那樣的濃……我們繞了一周，四面能見度皆低，最靠近觀景台的山峰景色也完全消失。

敬請留意最後一章，揭開偏僻旅館極速運送物資的神秘面紗

最後，又回到 BERGGASTHAUS AESCHER，以其人力運送物資為例子，不難推斷到在依本立山頂的 BERGGASTHAUS EBENALP，也是使用同樣方法，那麼完全不在纜車站範圍的 BERGGASTHAUS SCHAFLER 又是怎樣呢？旅程尾段，我們住宿在少女峰地區一間古老的山頂旅館，從巴士站徒步過去需時至少兩小時，旅館的人是使用一種「快速」方法運送物資，我們有幸親眼目睹瞬間的「一交一接的過程」，嘆為觀止，到時揭開這些位於非常偏僻的旅館運送物資的神秘面紗。

上：雲霧彌漫山峰，遊客無緣欣賞周圍連綿起伏的山峰。

下：幸好，觀景台的室內還有模型、圖像、影片及畫廊。

依本立	聖提斯峰
網址｜www.ebenalp.ch	網址｜saentisbahn.ch
纜車｜來回 31 瑞郎（持 Swiss Travel Pass 可享半價）	纜車｜來回 45 瑞郎（持 Swiss Travel Pass 可享半價）
Berggasthaus Aescher｜aescher-ai.ch	世界最大的瑞士國旗計劃｜www.saentisfahne.ch
Berggasthaus Ebenalp｜www.gasthaus-ebenalp.ch	

124 公尺高的尖塔，是瑞士電台及電視台發射廣播信號的重要工具，也成了聖提斯峰的獨特標誌。

世界上最大瑞士國旗的誕生

眼前的巨大國旗面積為 6400 平方公尺，每邊為 80 公尺，總重量約 700 公斤，由幾名裁縫師花了 600 小時，使用六萬公尺長的線條，才把幾千公尺長的特製布料縫合而成。這項每年一次的「高掛瑞士大國旗」壯舉，在其網頁可觀看到製作大國旗及直升機高掛它的過程，甚為精彩。

人們只需捐出 99 瑞郎便可支持這計劃，捐款人的芳名也會留在網頁上，同時在那一年還可免費搭乘登山纜車。

St. Gallen
聖加侖

到訪歐洲古老圖書館尋找知識泉源

告別阿彭策爾鎮，抵達達佛斯之前，瑞士東北大城市聖加侖是途中必經之地，被列定為世界文化遺產的聖加侖女修道院（Convent of St. Gallen）也成為本章最後一站，為這條從中部移動至東部的旅遊線寫上句號。

從火車站走到恬靜的古城區

約 40 分鐘，火車便抵達聖加侖火車站，大行李先寄放在火車站置物櫃內。依著沿途的指示牌，十多分鐘便走進汽車禁止的舊城區，滿布風采依然的老房子，大家都在悠然地漫步，靜靜地感受恬靜優雅的古城氛圍。

紡織之都

聖加侖修道院是一組建築群，佔據舊城區三分之一的面積，旅客中心就在教堂前方。西元 612 年建城的聖加侖，是聖加侖州首府，主要為德語區，20 世紀初是叱吒一時的紡織之都，全盛時期，城中大部分人都從事紡織相關工作，產品行銷多國，刺繡品尤其出色；時至今日，此城依然以高質素布料而譽滿世界，在旅客中心即有不少紡織品在展示及出售。

聖加侖之創建

聖加侖這名字和創建基礎與愛爾蘭修士加勒斯（Gallus）有很深的淵源，他在歐洲多國傳道，最後在西元 612 年落腳於聖加侖，並修建了一座小修道院。由於他的種種傳奇色彩經歷和民間流傳的故事，人們在八世紀時修建了聖加侖修道院，保留小修道院的地基及石柱，從此成為中世紀歐洲的學術聖地。現在儘管不再作為修道院使用，其大教堂和圖書館雙雙在古城內屹立千百年，並於 1983 年被列為世界文化遺產。

聖加侖的瑰寶之最

修道院圖書館是此城的瑰寶之最，就在大教堂旁邊，也是歐洲最古老的圖書館之一。修道院於西元 747 年開始遵從「本篤規條」，要求信徒研讀書籍，致力潛修，因而設立了圖書館；至今總藏書量有 15 萬冊，約二千本是千年前的手抄本，亦有多項關於宗教、藝術、音樂、文學及醫學的手稿，都是無價之寶。由於這座圖書館，使得聖加侖成為德語國家的宗教、教育、文化中心。

Travel Note

置物櫃尺寸及價錢

火車站的置物櫃共有三種尺寸：

1.50 公分 x65 公分：9 瑞郎（左圖）

2.40 公分 x65 公分：7 瑞郎　　3.30 公分 x45 公分：6 瑞郎

若置物櫃太小無法容納大行李，可使用行李託管服務，請向職員詢問。此外還有行李運送服務，稍後會有介紹。

雕刻精細的凸肚窗為舊城添上魅力

色彩繽紛、雕刻精細的凸肚窗是這區的特色，大大增添古城的風采，每一個凸肚窗就是一件藝術品，是昔日富戶名人的地位特徵（上圖）。在《最完美的瑞士之旅》記載了瑞士北邊的沙夫豪森（SCHAFFHAUSEN），那古鎮的房子也有許多充滿特色凸肚窗和濕壁畫，從蘇黎世前往只需一小時左右。

旅客中心除了提供大量旅遊資訊外，還可欣賞到不少手工精緻的紡織品，美觀又吸引人（右圖）。

修道院圖書館 Abbey Library ／ Stiftsbibliothek

　　進入的一剎那，大家都被富麗堂皇的震撼場景弄得目瞪口呆，我的眼睛都捨不得眨上幾秒，盯著圖書館內所有的景色，有著全世界最美麗、最古老圖書館的美名，的確實至名歸。內部陳設全都是藝術極品，大廳頂上有描繪四場大公會議的濕壁畫，分別是第一次尼西亞公會議、第一次君士坦丁堡公會議、以弗所公會議及迦克墩公會議。

　　這小小的圖書館裡蘊含著深厚的文化傳承與歷史意義，藏書按照字母排列成一座座書櫃，A 字母的一櫃、B 字母的一櫃，部分被挑選出的特殊書籍與手寫羊皮書，放於綠色厚絨布上承托著，陳列在玻璃櫃內。此外大廳一端還放置了一件非一般展品，一位埃及教士女兒的完整木乃伊，屬於七世紀，令人嘖嘖稱奇。

禁止拍攝，換上羊毛毯拖鞋

　　室內售票處也是紀念品店，那裡開始便禁止攝影，大家都要將手提袋、背包、相機等放進置物櫃。JACKMAN 帶了寫生本入內，站在一角用畫筆記錄。還有入內前，每一個人都要換上羊毛毯拖鞋，以維護地板。

官方照片

官方照片

官方照片

木書櫃上的一本本古籍都架有小型鐵網固定

大教堂 Cathedral

大教堂的宏偉雙塔，高聳入雲，與圖書館同樣擁有巴洛克式建築而聞名，室內掛有多幅描繪天堂與宗教故事的名畫，浮雕敘述本篤的生活狀況，豪華的裝潢令人為之傾倒。

修道院圖書館

網址｜www.stibi.ch
門票｜12瑞郎（持 Swiss Travel Pass 可免費進入）

3

Davos

達佛斯

Davos
達佛斯

從肺結核優質療養地轉變為旅遊度假勝地

在聖加侖搭上火車，往南走約 2.5 小時，我們終於來到東邊的達佛斯。達佛斯這座山城，屬於格勞賓登州，在前往途中最後一個小時的路上，我們開始深入美麗的山脈，途中每經過山裡的一個小村落或是城鎮，都會被窗外的景色吸引住；壯觀的山脈、整齊的草原、純樸的木房子，處處都是怡人的風光。

肺結核療養地，諾貝爾文學獎作家的創作靈感

肺結核在 19 世紀時還是不治之症，這個海拔 1560 公尺高的河谷小鎮，擁有四面環山和空氣特別乾爽清新的優渥環境條件，因而成為肺病患者的優質療養地，除了瑞士人，慕名而來還有其他國家的病人，因此城裡的醫院一間接一間地出現。時至今日，部分歷史悠久的療養院已改建成特色旅館。

夾在群山之間的峽谷城鎮

達佛斯位於群山之間的峽谷地形，初次到訪的旅客可以很快掌握地理環境，因為那些受歡迎的山峰都在兩邊群山上。主要分為六大觀景區，夏季時是高山健行的熱門景點，冬季時全部變成滑雪區，其中帕森山區（PARSENN）及雅各布峰（JAKOBSHORN）是最大也是最受歡迎的滑雪場。

全球政治領袖和商業巨頭都來參加的世界經濟論壇

每年一月，這山中鎮不只是高山休閒及滑雪聖地，還會成為全球焦點，只因每年的世界經濟論壇（WORLD ECONOMIC FORUM）都在此舉行，來自全球 140 個國家，約有 2500 人，包含 40 名國家元首都到場討論世界最關注的議題。

小鎮的兩個火車站

小鎮的兩頭分別有普拉茨（DAVOS PLATZ）及多夫（DAVOS DORF）兩個火車站，前者是商業旅遊區，後者以民居為主。我們搭火車就是抵達普拉茨，TALSTRASSE 與 PROMENADE 是連接普拉茨及多夫的主要道路，前者沿路滿布滑雪用品店、餐廳、酒吧、超市、小店鋪。普拉茨站前有往小鎮周邊不同地方的郵政巴士，還有 COOP 及 MIGRO 兩大超市及多間國際時裝店，火車站另一邊還有纜車站，可登上雅各布峰。

左：普拉茨火車站。右：火車站對面是郵政巴士站，內有大型 Coop 超市。

Jakobshorn
雅各布峰

Parsenn
帕森山區

達佛斯旅遊區的推薦：觀賞兩邊群山的美景

達佛斯旅遊官網（www.davos.ch）事實上包含了達佛斯鎮、克羅斯特鎮（KLOSTERS）及周邊的範圍，六大觀景區散布在兩邊群山上，互相對望。

A 地圖是左邊群山（南），觀景區有皮沙山區（PISCHA）、雅各布峰（JAKOBSHORN）及里納峰（RINERHORN）。B 地圖則是右邊群山（北），有沙茨阿爾卑（SCHATZALP）、帕森山區（PARSENN）及馬德里薩峰（MADRISA）。

夏天，這六個觀景區都是高山健行熱門地方，進入冬天全部搖身一變成滑雪聖地，共有 58 條滑雪道、320 公里的滑雪坡、75 公里的越野滑雪道、兩個人工溜冰場，和一個全歐洲最大的天然溜冰場，無論是專業玩家或全家大小都能找到滑雪樂趣。

大眾交通時刻手冊、地圖及 Davos Klosters Card 是旅遊此區的必備物。

達佛斯鎮

因舉辦世界經濟論壇而為遊客熟知的達佛斯，過去是著名的高山療養地，自 19 世紀末舉辦歐洲溜冰大賽後，便一直是冬季運動勝地。達佛斯，位於萊茵河支流蘭德瓦瑟河河谷的一塊帶狀地區，畫作是在旅館房間露台上完成，望出去是普拉茨火車站方向，可欣賞到狹長形的整個城鎮。

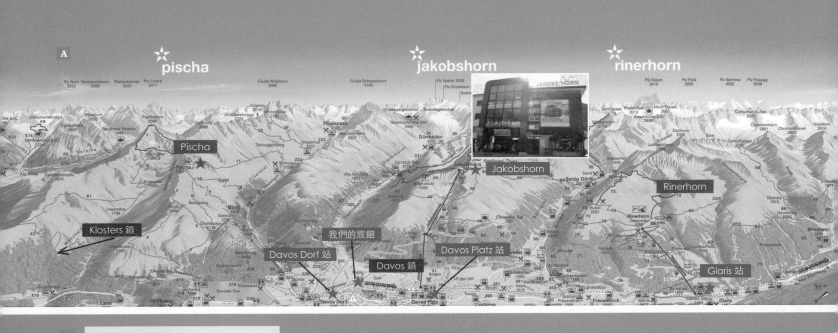

大省旅費的推薦：善用城鎮的 GUESTCARD

如果你持有 SWISS TRAVEL PASS，就要留意在達佛斯，以及第四及五章的聖莫里茨（ST.MORITZ）及薩斯斐（SAAS-FEE）的使用範圍，因為這些地方的部分登山交通工具都「沒有提供半價優惠」。

三個城鎮都提供 Guestcard，能省去昂貴的纜車費用

不過無需擔心，反而要高興，因為這三個城鎮都有一個共通點，就是當旅客入住當地的旅館時，就可獲得「GUESTCARD」，持卡者在住宿期間可免費任搭區內的登山鐵道、火車及巴士等交通工具，其他優惠還有免費進入博物館等。

入住時送贈 Guestcard，可馬上使用

獲取「GUESTCARD」只有一項簡單的條件，達佛斯及薩斯斐這兩個地方，旅客只需入住至少一晚，而聖莫里茨，則需要至少兩晚。例如我們在達佛斯的旅館辦好入住手續，職員隨即會贈送兩張 DAVOS KLOSTERS CARD，完全不用填寫任何文件，便

可即時使用，直至離開的當天。卡背印有旅客名字，接下來這幾天就可在區內免費暢行無阻，記得好好保管它。

千萬不要因為名氣而錯過

對於預算不高的旅客，這幾個城鎮就是最佳的選擇，只需購買去程及離開的火車票，然後善用 GUESTCARD，便可省去昂貴車資。這次我們來到達佛斯、聖莫里茨及薩斯斐，便深深發覺這些地方的景色，絕對可比熱門人多的策馬特、少女峰地區等地，只要你繼續閱讀下去，便可判斷我們這話是否合理，總言之不要因為「名氣」而錯過這些同樣擁有絕色美景的地方。

Davos Klosters Card

主要優惠：免費任搭六個觀景區的登山交通工具、指定範圍內的火車、地區巴士及郵政巴士。從左至右的小圖是帕森山區、沙茨阿爾卑山峰、雅各布峰及里納峰的登山交通，都是我們搭乘過的，例如雅各布峰的來回車費為 38 瑞郎，四種交通總共省掉約 180 瑞郎，棒透了！

擁有優美景觀的時尚旅館

    SWISS MOUNTAIN HOTEL DAVOS 是新落成的大型旅館，走時尚格調風，整體的服務質素及房間的舒適度我們都很滿意。它位於大街上，無論從 DAVOS PLATZ 或 DAVOS DORF 火車站搭公車前往都只需十分鐘左右，SCHIABACH 巴士站就在旅館前。旅館的一樓是大型 MIGRO 超市及餐廳，與旅館不互通，旅館位於二至五樓。

    旅館全部房間都有寬闊的陽台，SMART COMFORT ROOM 及 SMART PREMIUM ROOM 同樣是 29 平方公尺，以兩人來說是很充裕的空間。兩者較大分別的是陽台景觀，後者是向南，可欣賞到整片城鎮與兩邊群山的美景，就是上面的照片，前頁的寫生畫能夠完成也是多虧這麼廣闊的景觀。旅館還提供室內泳池及 SPA 等設施，免費使用。包含自助早餐每晚價錢分別是 209 瑞郎及 253 瑞郎。

網址 | www.ameronhotels.com

Schatzalp & Parsenn
沙茨阿爾卑及帕森山區

登上達佛斯最高的觀景台展開魔山之旅

達佛斯的六個觀景區分佈在兩邊群山之中，其中左邊（正南）有雅各布峰（JAKOBSHORN）、右邊（正北）則有沙茨阿爾卑（SCHATZALP）及帕森山區（PARSENN）的登山車站都聚於小鎮上，成為了我們兩個整天的造訪重點。

規劃重點：完整觀賞到兩邊群山的壯闊景致

若時間只許可登上兩個地方的旅客，兩邊觀景區最高點的雅各布峰（2590 公尺）及帕森山區的魏斯弗魯（WEISSFLUH，2844 公尺）就是首選，因為登上帕森山區可觀看到以雅各布峰為主的一字排開景色，即是前面的 A 地圖全景，至於在雅各布峰便可看到 B 地圖全景，如此一來便能完整地觀賞到兩邊群山的壯闊景致。

第一天的行程

離開旅館前，先把 DAVOS KLOSTERS CARD 放進錢包裡。第一天的行程包含帕森山區＋兩小時健行＋沙茨阿爾卑。沙茨阿爾卑有一座著名旅館，前身是百餘年的豪華療養院，諾貝爾文學獎作家湯瑪斯·曼的名著《魔山》中的背景據說就在那裡。

往帕森山區纜車站的巴士

早上，我們先前往帕森山區。在小鎮上移動以搭乘地區巴士為佳，總共有十條路線，其中來往普拉茨（DAVOS PLATZ）及多夫（DAVOS DORF）的巴士最為密集，包括 1、3、4 及 7 號巴士，往帕森山區的齒輪列車站就在接近多夫的 PARSENNBAHN 站，與我們旅館前的 SCHIABACH 站只相距兩站，下車後即可見到纜車站。

登上最高的觀景台，需要搭乘兩段的登山交通，第一段齒軌列車共有兩個站，經過 MITTELSTATION 後才抵達 WEISSFLUHJOCH（2662 公尺），然後換乘吊車上到最高的魏斯弗魯。

普拉茨 Davos Platz

1. 聖約翰教堂（St. Johann Church）
2. 沙茨阿爾卑的旅館
3. Mittelstation 站
4. 位於山腳的 Waldhotel
5. 雅各布峰纜車站

左：齒軌列車站內的電子資訊板，顯示著頂峰溫度為 10 度。

中：在 Weissfluhjoch 站換乘可載數十人的吊車。

右：標高 2663 公尺的 Weissfluhjoch 站，右邊是多條健行路線標示，全是白紅白色的登山路線（Mountain trails），不少人挑戰上行路線，用雙腳一步一步登上山頂，需時約一小時。

魏斯弗魯 Weissfluhgipfel

從纜車站步行一小段碎石路，便能輕鬆抵達建有氣象及天文塔的最高點，大家都聚在這裡觀看一字排開的景色。

Piz Vadret
3229 公尺

Bocktenhorn
3044 公尺

Piz Grialetsch
3131 公尺

Chuealphorn
3078 公尺

Fluela Schwarzhorn
3146 公尺

Scalettahorn
3068 公尺

Fluela Wisshorn
3085 公尺

雅各布峰（2590 公尺）

另一邊也是一片看不到邊際的山峰美景，相當吸引人。

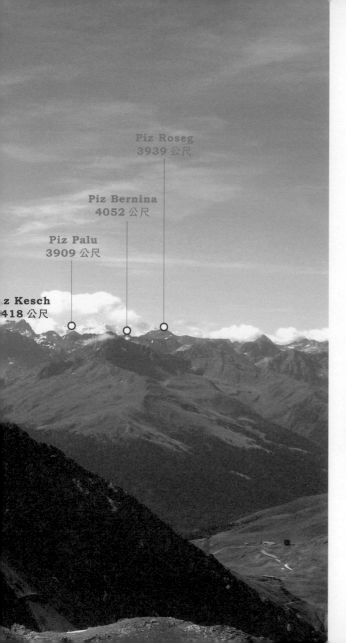

Piz Roseg
3939 公尺

Piz Bernina
4052 公尺

Piz Palu
3909 公尺

z Kesch
418 公尺

17 座三千公尺以上的高峰盡現眼前

　　由本章開始，直至最後一章，我們都有幸在極好的天色下，欣賞到不同距離的一字排開群峰遼闊壯麗景色。以達佛斯為例，登上兩邊最高的觀景台，旅客就能欣賞較遠距離的全景。

　　將親眼看到的山峰，與地圖標示逐一比對，真的是很考驗眼力的遊戲，假設天氣不好，更是難上加難。官方地圖上標了這片全景共有 17 座三千公尺以上的高峰，這天極為明朗的天氣讓我們輕易成功配對，太棒了！

　　雖說是一字排開的群峰景色，實際上卻是由多排組成的視覺效果，相片標示的紅色山峰屬於較為前排，綠色的三座高峰大概是最遙遠的，那處便是聖莫里茨（ST. MORITZ）。聖莫里茨就是下一章的目的地，其中伯連納峰（PIZ BERNINA）是瑞士東邊唯一一座四千公尺的山峰，而帕魯峰（PIZ PALU）則是橫跨瑞士及義大利兩國，三天後我們會在那一帶展開五小時冰川之行，是整段旅程最驚險又難忘的所在地之一。

夏天時，達佛斯的主要山頭上不會積雪，大家驚喜地發現在 Weissfluhgipfel 竟然有一座白雪小山丘，玩得不樂亦乎。

從山腰出發的兩小時健行

接下來要前往沙茨阿爾卑，如果不選擇到山腳坐巴十到纜車站再上山的話，可以參考這條滿布怡人景色的健行路線。

先到半山腰的 MITTELSTATION 站，依著往 SCHATZALP 標示牌從車站右邊出發。這是一條沒有上坡的白紅白色的登山路線（MOUNTAIN TRAILS），大約會橫過兩至三座山腰，雖說大部分是平坦之路，但當走至碎石的下坡路時，還是要小心一點；後段會進入森林，一路上可遠望對面的雅各布峰，景色優美。走著走著，大約兩小時可到達目的地。

初段是從 Mittelstation 站開始繞著山路、彎彎曲曲走下去。這段路有一條小溪也滿布高山植物，但同時也有一段碎石路，小心一點啊！

橫過小木橋後，大部分都是平坦之路，
走得十分輕鬆。

部分路段與高山單車路線重疊，所以途中有不少單車高
手從旁經過，他們在窄小碎石山路上高速行駛，拐彎時
也沒有減速。

這兩名單車高手轉彎後，幾秒間便繞到對面，望著這條
沒有圍欄山路，下面是深深的山谷，驚險之高，呼，令
我們心驚膽跳的佩服！

魔山之誕生

　　海拔 1861 公尺的沙茨阿爾卑是我們健行的終點，這裡位於達佛斯西側的半山腰上，齒輪列車早在 1899 年通車，一年後四層高的沙茨阿爾卑療養院（SCHATZALP SANATORIUM）亦開業，是這山頭上唯一一所療養院，可眺遠整個城鎮景色。

　　沙茨阿爾卑亦有「魔山」之稱，因德國文豪湯瑪斯．曼從這一帶獲取豐富的創作靈感，世界名著《魔山》也由此而誕生。

一所達佛斯療養院
成為《魔山》的背景

　　1912 年湯瑪斯的妻子患上肺結核，就在達佛斯一所療養院裡接受治療半年。那時，他也在鎮上住了幾個月，在探望太太期間感受到療養院的奇特氛圍，再加上太太對各式各樣病人的描述，在他心裡產生種種不可思議的想法。

　　次年，他開始寫作以一所達佛斯療養院為背景的《魔山》，雖然故事裡沒有明確地指出哪一所療養院，但從字裡行間的描述，人們不其然聯想起沙茨阿爾卑療養院。《魔山》於 1924 年正式出版，五年後他也榮獲諾貝爾文學獎。

病人每天接觸較多陽光，
對康復更有幫助

　　當時大部分達佛斯療養院都位於山腳，甚少像沙茨阿爾卑療養院位於半山腰上。在這豪華療養院中，病人不但享有特別寧靜的休養環境，加上大部分病房都是獨立空間，並設有寬敞的陽台，病人接觸陽光的時間也因而增多；在陽台上或坐或躺的病患者，因為常常面對著開闊景觀而讓心情變好，康復速度也會加快。另外無論房間或大廳內都設有足夠的暖氣設備，並設有食品電梯連接廚房至所有樓層，且配備有保溫設備，讓病人能吃到熱呼呼的食物。

官方照片　官方照片

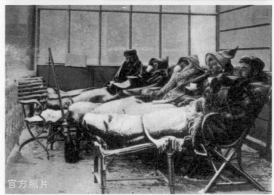

官方照片

左上：除了《魔山》，湯瑪斯．曼亦曾著有《魂斷威尼斯》（Death in Venice）；因為反對納粹強權而流亡美國、瑞士，被取消國籍。右上：早期的沙茨阿爾卑療養院，位於半山腰上，有一種與世隔絕的氛圍。下：病人在寬敞的陽台上休養中，即使在嚴冬，因為院內的暖氣設備完善而能繼續舒適地接受治療。專為病人而設的陽台如今成為旅館房間的陽台，讓來自世界各地的旅客享受。

二至四樓房間的陽台,是昔日是病人休養地方,如今變成旅客的陽台。多年來,旅館經過多次的維修,唯獨室內的餐廳和談話室,仍維持一百年前模樣。

官方照片

一樓走廊的貴族宮殿圖案，仍保留下來。

沙茨阿爾卑療養院還有連接到瑞士的電話和電報網路，並有自己的郵政和電報室。

每名患者都懷著醉生夢死的病態心理

《魔山》裡的男主角漢斯．卡斯托普來到達佛斯某個山上的肺結核療養院，原本是探望表哥，打算只停留三個星期，豈料醫生診斷出他也患上肺結核病，於是他無奈地在人們稱為「魔山」的療養院居住下來，期間接觸了療養院裡形形色色的人物，共通點都是懷著醉生夢死的病態，結果男主角一住就是七年……大家可以閱讀名著，看看結局會是怎樣。

成為「具有瑞士歷史義意的旅館」

隨著醫術進步，肺結核療養院也完成歷史任務而關門或轉型，沙茨阿爾卑療養院在 1954 年改建成為高級旅館，更名為 HOTEL SCHATZALP，旅館也於 2008 年被評為「具有瑞士歷史義意的旅館」

（SWISS HISTORIC HOTEL），目前是四星級。

在旅館前方的沙茨阿爾卑斯花園（ALPINUM SCHATZALP），栽培有八百多種花草的高山植物園和香草庭園，每年五月中旬至九月末開放。

至於湯瑪斯的妻子入住那間療養院，也在 1954 年轉型為旅館，稱為 WALDHOTEL DAVOS，位於山腳，現時也是四星級。在沙茨阿爾卑纜車站則有一條健行路線，除了可下行至小鎮，亦可通往 WALDHOTEL DAVOS。

更高的地方還有 STRELA，只在冬天開放，那裡跟沙茨阿爾卑一樣，在冬季會變成滿布歡樂聲的初級滑雪場。

Hotel Schatzalp

網址｜ www.schatzalp.ch

Waldhotel Davos

網址｜ www.waldhotel-davos.ch

Jakobshorn
雅各布峰

我們狠狠地攀爬陡斜山坡，別人卻輕盈快速地步行上去

瑞士的三種健行路線中，黃色標示的遠足路線（HIKING TRAILS）及白紅白色標示的登山路線（MOUNTAIN TRAILS）都是旅客最常走的程度，至於白藍白色標示的阿爾卑斯路線（ALPINE TRAILS）則是難度最高，一般不建議旅客行走。去年我們於馬特洪峰地區，就在專家帶領下首次克服了「白藍白」路線，那是一條需要用雙手雙腳從長長的斜坡攀爬下去，沒想到在雅各布峰上有一條只是「白紅白」的路線，竟然也要用上雙手雙腳攀爬上去……

達佛斯鎮內的觀景區

帕森山區（PARSENN）及沙茨阿爾卑（SCHATZALP）的旅程順利完成後，第二天我們前往與它們對望的雅各布峰，三者同屬達佛斯鎮內的觀景區，雅各布峰纜車站就在普拉茨（DAVOS PLATZ）車站的另一邊，穿過車站隧道便可走到，非常方便。第一段纜車升至半山腰的 JSCHALP 站（1931 公尺），再換乘纜車便可登上最高點。

換一個角度重溫昨天所走的路線

隨著第一段纜車升上，就能觀望到整片小鎮的景色，以及對面一排山峰，仔細眺望一下，隱約地見到通往沙茨阿爾卑的齒輪列車緩緩地在山坡上移動著，我又輕易找到在上方的沙茨阿爾卑旅館。在攀升中的纜車上，我們換一個角度重溫昨天從 MITTELSTATION 站開始走的路線及沿途景色（右下圖），感覺依然深刻。

左上：往雅各布峰需搭兩段纜車，持 Davos Klosters Card 可免費搭乘。右上：可容約數十人的大纜車下：我們從帕森山區走到沙茨阿爾卑的路線。

Schatzalp

Mittelstation

曾走過的路線

Davos Platz 站

Jakobshorn
雅各布峰

從觀景台登上後方的小山丘，最高處又是另一番風情，在小平台遠眺四周群山環繞，多麼心曠神怡！

適合推著嬰兒車行走的健行路線

值得一提的是，許多帶著小朋友的旅客特別喜歡在最高的觀景台遊覽後，再從 JSCHALP 站步行下去，就是官方地圖標示的 47 號健行路線（JSCHALP → DAVOS PLATZ）。這是一段人工平坦之路，列為適合推嬰兒車行走的級別，慢慢走約一個半小便能回到普拉茨，見下圖。

第二段纜車不用幾分鐘便載著我們來到目的地，雅各布峰其實是位於阿爾布拉山脈（ALBULA ALPS）的一座山峰，此山脈屬於中阿爾卑斯山脈（CENTRAL EASTERN ALPS）的一部分，橫跨瑞士、義大利等多國。

登上更高點，壯闊景色盡現眼前

雅各布峰觀景台可讓旅客欣賞四周的開闊美景。如想在更高地方觀看阿爾卑斯的山巒景色，便要更上一層樓，只見在觀景台後方的小山丘上，不少旅客已紛紛步行而上。山丘頂端有一座用岩石塊堆疊而成的小觀景台，我們在角落裡卸下背包，深深吸一口清新空氣，細意地賞心悅目的美好景色。

官方地圖

登上小山丘的路旁，有一處延伸出去的平台，也是欣賞藍天白雲青山綠樹的好地方。

一條要用上雙手雙腳攀爬上去的「白紅白」路線

在小平台的另一邊，我們找到一座名叫 JATZHORN 的山峰（2682 公尺），比起 2590 公尺的雅各布峰高出一點點，旅客可從下方的平坦大路的分支，沿著窄小的山路上行。

這條 52 號路線（JAKOBSHORN → JATZHORN），單程需時 35 分鐘，看起來好像是不難走的路線，而且在入口的標示牌也只是白紅白色，豈料上行有兩段（紅線）卻是滿布挑戰性的碎石斜路，而且甚為鬆散，輕輕踏上去，接二連三的小石頭就像小皮球一樣一路滾下去⋯⋯

Jatzhorn

Jackman 先在小平台畫下這條 52 號路線，然後我們便展開這次攀爬之行。左圖是入口的白紅白色標示牌。

Erica

這兩段陡斜的山坡中，第二段更為困難，要克服它們並不是繞行而上，而是用雙手抓緊著石塊以幾近垂直方向而攀上去

3 大約十多分鐘後，終於登上去，
順利克服陡斜的山坡。

出乎意料的平緩寬闊山路

攀過兩段斜斜的山坡後，原以為仍然是窄小又困難重重的山路，豈料眼前是一條半緩寬闊的山路，真是柳暗花明，難度最高的一關竟然已成功克服，鬆一口氣。接下來再走 20 分鐘，便抵達 JATZHORN 了。地圖顯示在 JATZHORN 之後，還有路可走，多走 20 分鐘又抵達另一座稱為 TALLIFURGGA（2568 公尺）的山峰，最後行走 53 號路線就可走到另一邊山腳。

我們沒有走到 TALLIFURGGA，而是原路折返，下行那兩段較難的山坡跟上行一樣，依然充滿著挑戰性，抓緊石塊逐步下移。正戰戰競競地緩慢攀爬下去之際，好幾次都不小心將小石塊推下去，幸好沒有對正在上來的旅客造成影響。

遇上不用抓住石塊、輕鬆快速地走上來的人

這時候只見下方有一位男子步行上來，而不是攀爬，另外激起我們羨慕目光的是，他的右手拿著一盒長盒裝的牛奶，左手則提著一個塑膠小袋子（裡面是食物嗎？難道他要在上面某處野餐嗎？），就這樣輕盈敏捷地步行上來。雙手拿著東西，完全不用抓住石塊，踏過一塊又一塊石塊，轉瞬間便登到山坡之上，簡直與狼狽的我們形成強烈對比！

Jatzhorn

左邊是 Erica，右邊是雙手拿著東西的男子。

帕森山區
（Parsenn）

沙茨阿爾卑
（Schatzalp）

達佛斯
（Davos）

一連兩天的天氣都很美好，完滿告別達佛斯。
兩邊遼闊的巍峨群山，互相呼應，一直蜿蜒伸展至很遠的地方。

Jakobshorn
雅各布峰

Parsenn
帕森山區

各布峰
bshorn

教你如何逛瑞士超市

　　兩大瑞士連鎖超市 COOP 和 MIGROS，不可能不認識，機場、火車站、大城、小鎮都可見到它們的踪影。看起來兩者提供的商品種類十分接近，但貨源卻有些不同，據當地人所說，「MIGROS 較本土化、COOP 較國際化」是一致意見；MIGROS 主要是販賣自家品牌的商品，由 MIGROS 旗下的子公司生產，覺得自產自銷品質會更有保證，而 COOP 則提供較多樣化、以進口為主的商品。

不販賣煙酒的 Migros

　　相同類別商品的價錢，兩者沒有明顯差距，除非兩間超市的位置十分接近，否則不要太在意少許的差額。還有一點，MIGROS 不販售香煙和酒類，因為創辦人主張健康生活的理念。

價錢較便宜的超市餐廳

　　有些超市規模比較大，一旦見到「COOP RESTAURANT」 或 「MIGROS RESTAURANT」，便知道超市內還包含自助式餐廳及用餐區，例如在達佛斯普拉茨（DAVOS PLATZ）站前便有 COOP RESTAURANT，與我們旅館相鄰的則是 MIGROS RESTAURANT，另外在少女峰地區的因特拉肯東站（INTERLAKEN OST）前也有一間 COOP RESTAURANT。

　　餐廳提供的食物，就如一些景點的自助式餐廳一樣提供漢堡、薯條、義大利麵、沙拉等簡餐及各式飲料，價錢自然比起正式餐廳便宜一些。對於不想在餐廳用餐的旅客來說，超市餐廳也算是不錯的選擇。

達佛斯普拉茨的 Coop Restaurant，其自助沙拉有三種大小的盤子，分別為 6.95, 9.95 及 14.95 瑞郎，左圖為小盤。

與我們旅館相鄰的 Migros Restaurant 除了室內還設有戶外用餐區。這間餐廳為了迎合華人旅客的口味，還提供現點現炒的中式炒飯。

瑞士品牌巧克力是最佳伴手禮

LINDT、VILLARS、FREY、CAILLERS、TOBLERONE、WERNLI、KAMBLY 等瑞士品牌巧克力都可以在超市大量入貨，當作伴手禮最好不過。位於蘇黎世機場的購物商場裡的 MIGROS（見下圖），是上機前最後血拼機會之一。MIGROS 有飛瑞爾巧克力（CHOCOLATE FREY）的專櫃，一排排各式各樣瑞士傳統巧克力讓人心花怒放，價錢由 2 至 5 瑞郎不等。飛瑞爾巧克力公司是瑞士巧克力市場的第一大生產商（www.chocolatfrey.ch）。

營業時間

1 周一至五通常是早上 8 點到晚上 7 點，周五會開到 9 點左右，周六又會提前到下午 5 點打烊，周日和其他商店一樣公休，只有極少數的分店才會天天營業。以人潮極多的因特拉肯東站為例，車站有一間小型 COOP，就像便利店，是天天營業，而且周一至五是早上 6 點開店；而車站旁的 COOP RESTAURANT，則只有在周一至六營業。

用 Google Map 快速尋找超市

2 超市營業時間各有不同，用 GOOGLE MAP 是最快掌握的方法，將地圖放大一點，商店、車站和超市等資訊都會馬上浮現，再按下它們的標記，就能看到地址、營業時間等，一目了然！

4

St. Moritz
聖莫里茲

St. Moritz
聖莫里茲

常被當成過客般停留的地方

從達佛斯坐火車向南走，沿途經過群山綿延不絕的山谷，中途在 FILLSUR 站轉車，約 1.5 小時來到東南邊的聖莫里茲。很多人對海拔 1856 公尺的聖莫里茲的第一個印象，應該就是冰河列車（GLACIER EXPRESS），因為這裡就是起點。

自可判斷是不是錯失許多

可是不少旅客，尤其是旅行團，將聖莫里茲當成過客般停留，在抵達前先去一些周邊景點，然後在傍晚入住當地旅館，最多會在市內最精華地段及湖邊走一走，最後在第二天清晨坐上冰河列車離開……讀完本章後，大家自可判斷如果沒有在聖莫里茲及周邊來一趟認真深入的旅遊，是不是會錯失許多呢？

兩度主辦冬季奧林匹克運動會的瑞士城市

先從地理位置來認識聖莫里茲，它位於阿爾卑斯山脈的恩加丁（ENGADIN）山谷裡，屬於格勞賓登州，是十分著名的滑雪勝地，曾經兩次主辦冬季奧林匹克運動會（全世界只有三個城市），分別在 1928 年和 1948 年，也是唯一一個瑞士的主辦城市。

步進聖莫里茲的精華區

首先要說明火車站與市區有點距離，第一天抵達時，我們是拉著行李在火車站轉乘巴士前往旅館。
假使沒有太多行李或是白天在周邊山區遊玩完回來，就可以像上面的六張照片一樣，離開火車站走一段路便進入室內停車場，裡面有一座手扶電梯，其實是給停車場使用，但一般人也會搭乘。電梯旁邊掛著關於聖莫里茲的名畫。步出外面便是城鎮的精華區，豪華旅館及名店隨處可見。

聖莫里茲擁有具療效的溫泉，山坡上有許多高級溫泉旅館、
世界級精品名店，是歐洲名流富豪們喜愛的度假山城。

瑞士東南邊阿爾卑斯山脈的恩加丁地區

　　恩加丁地區（ENGADIN）位於東南邊格勞賓登州境內的一條因河（INN）河谷，滿布雄偉山峰，劃分為上恩加丁（UPPER ENGADIN）與下恩加丁（LOWER ENGADIN）兩區，主要有 13 個城鎮，合力建造廣大的遠足和越野滑雪的網路。13 個鎮中以聖莫里茲最廣為人知，附近有蓬特雷西納（PONTRESINA）等鎮。

全瑞士唯一的國家公園

　　此山區還有瑞士唯一的國家公園，建於 1914 年的瑞士國家公園（PARC NAZIUNAL SVIZZER），面積 172.3 平方公里，海拔 1400 至 3200 公尺，每年大約有 15 萬遊客前往參觀和健行。公園規劃了 80 公里長的健行路線，以及專為兒童和家庭而設的短程路線及景點。此外，遊客在山中可以看到野山羊、羚羊、土撥鼠、野兔、蜥蜴和不計其數的飛鳥。最靠近公園的城鎮為策爾內茨（ZERNEZ），從聖莫里茲坐火車只需 40 多分鐘。小鎮的遊客中心提供完整的國家公園資訊。

聖莫里茲周邊的主要觀景區：
1. 迪亞佛里拉峰（Piz Diavolezza）
2. 白湖（Lago Bianco）
3. 柯爾瓦奇峰（Piz Corvatsch）
4. 穆爾塔斯穆拉格（Muottas Muragl，上圖）
5. 奈爾峰（Piz Nair）

我們的 Engadin Card 在辦理入住手續時便收到，每天都要收在錢包內。

要規劃行程，不可錯過三個主要官方網站

　　規劃行程時需要瀏覽：聖莫里茲旅遊局（以城鎮本身為主）、恩加丁地區旅遊局（以迪亞佛里拉峰、薩梅丹等觀景區為主）及伯連納冰川區旅遊網站，雖然三者的資訊有部分重疊，但如果想規劃較為完整的聖莫里茲之旅，整合三者的內容才是明智做法。

登山交通等全免費，只要入住多於一個晚上

　　入住恩加丁山區的旅館（超過 100 間）多於一個晚上的旅客，便可獲得 ENGADIN CARD，優點是聖莫里茲市內巴士、郵政巴士、火車、登山交通都免費，本章介紹全部地方的交通都是全免，有效期為每年 5 月 1 日至 10 月 31 日。這張卡的完整資料不在聖莫里茲旅遊局，而是在恩加丁地區旅遊局。

PANORAMIC VIEW

伯連納峰
（Piz Bernina，4049 公尺）

羅塞格峰
（Piz Roseg，3937 公尺）

帕魯峰
（Piz Palü，3900 公尺）

科爾瓦奇觀景台
（Corvatch，3303 公尺）

羅塞格冰川
（Vadret de Roseg）

伯連納隘口（Bernina Pass）
白湖（Lago Bianco）

羅塞格冰川
（Vadret de Roseg）

迪亞佛里拉峰觀景台
（Diavolezza，2978 公尺）

莫爾特拉奇冰川
（Vadret de Morteratsch）

蓬特雷西納
（Pontresina）

聖莫里茲
（St. Moritz）

奈爾峰
（Piz Nair，3056 公尺）

穆爾塔斯穆拉格
（Muottas Muragl，2453 公尺）

瑞士國家公園
（Parc Naziunal Svizzer）

parc
naziunal
svizzer

策爾內茨
（Zernez）

Travel Note

恩加丁地圖

「Engadin」在羅曼語裡意為「因河花園」，此河谷區以充滿陽光的天氣、秀麗的風景、戶外運動而聞名。因河發源於瑞士阿爾卑斯山，流經奧地利和德國，最後成為多瑙河的支流，全長 517 公里。

規劃聖莫里茲的旅程重點，就在伯連納峰

與聖莫里茨相距幾公里有一座高達四千公尺的高峰，稱為伯連納峰（PIZ BERNINA），連同周邊多座接近四千公尺的山峰及七條主要冰川形成了雄偉壯觀景色。「伯連納峰」這名字是不是很耳熟？瑞士另一列世界級觀光列車——伯連納快線（BERNINA EXPRESS），就是取名於此峰，終點站之一亦設在此鎮。所以，規劃聖莫里茲的旅程重點，圍繞伯連納峰來準備是最理想不過！

兩列著名觀光列車均在此鎮上搭乘

在這裡搭乘的伯連納快線及冰河列車（GLACIER EXPRESS），前者會去義大利蒂拉諾（TIRANO），後者則去策馬特（ZERMATT），在上一次旅程我們已充份體驗，也寫了相當完整的文章，所以這次只作簡單的介紹，欲知更多不妨參考前作。

一般旅行社通常會安排團友搭乘冰河列車以及黃金快線（GOLDEN PASS），但要注意乘坐冰河列車時其實是「看不到冰河」，真正看得到冰河的反而是伯連納快線，途經阿爾卑斯葛路姆站（ALP GRUM）時，列車會停久一點，讓乘客下車觀看帕魯冰河（PALU GLACIER），後文會介紹。

Travel Note

第一次成功攀登伯連納峰

28 歲的地形測繪師 Johann Wilhelm Coaz（左下）和兩名助手，於 1850 年 9 月 13 日早上 6 時出發，帶著測量儀穿過莫爾特拉奇冰川後，大約在下午 6 點左右成功攻頂（右下）。

從此，這山峰才被正式命名為伯連納峰（Piz Bernina）。「Piz」是格勞賓登州常用的羅曼語，意思是山峰，因此人們容易識別，一旦見到「Piz」的山峰，就會知道這是位於瑞士東南部的山峰。

官方照片　官方照片

左：在聖莫里茨火車站準備出發的冰河列車，前往策馬特。
右：伯連納列車經過阿爾卑斯葛路姆站，正開往聖莫里茨。

Piz Bernina
伯連納峰

伯連納峰 Piz Bernina

在迪亞佛里拉峰觀景台，能近距
離觀賞到高峰及冰川景色，十分
震撼。

東阿爾卑斯山脈中最高的山峰：伯連納峰

瑞士高達四千公尺以上的山峰有 40 多座，大部分散聚於西邊，包括少女峰和馬特洪峰，然而東南邊就只有伯連納峰。

聖莫里茲旅遊局｜ www.stmoritz.ch
恩加丁地區旅遊局｜ www.mountains.ch
伯連納冰川區｜ www.bernina-glaciers.ch
瑞士國家公園｜ www.nationalpark.ch

伯連納山脈

橫跨瑞士東部及義大利北部的伯連納山脈（Bernina range），全長 33 公里、寬 41 公里，面積 718 平方公里，屬於東阿爾卑斯山脈（Eastern Alps）的一部分。在伯連納山脈中有 20 多座三千公尺以上的高山，唯一一座超過四千公尺的就是伯連納峰（4049 公尺）。

蓬特雷西納（Pontresina）是最靠近伯連納峰的山腳小鎮，不過人們多以度假聖地聖莫里茲為住宿據點，雖然在鎮上觀看不到此峰，但坐火車再換乘登山交通前往幾個可以觀賞它的觀景台，也不多於一小時，非常方便。

三天的旅程

這幾個熱門人多的觀景區，包括迪亞佛里拉峰（Piz Diavolezza）、柯爾瓦奇峰（Piz Corvatsch）、薩梅丹（Muottas Muragl）及奈爾峰（Piz Nair），前三者再加上白湖（Lago Bianco）便成為我們的旅程。奈爾峰的登山交通是在聖莫里茨鎮之內，以觀看廣闊的群山景色為主。

兩個可以近距離觀賞伯連納峰的觀景台

在這幾個觀景台中，迪亞佛里拉峰（2978 公尺）與柯爾瓦奇峰（3303 公尺）都可以近距離觀賞到伯連納峰及旁邊多座高山和冰河，兩者的角度自然有所不同，前者主要靠近帕魯峰（Piz Palu，3900 公尺），伯連納峰在其一旁；至於後者，旅客則可觀賞到較為正面角度的伯連納峰。觀賞冰川方面，兩個觀景台同樣可以近距離觀看到冰川。總而言之，這兩個地方都能提供「近距離的震撼性視覺享受」，絕不可以錯過！

St. Moritz
聖莫里茲

呼吸著香檳空氣，漫步在湖邊

　　當太陽還沒完全升上來，我們探出房間陽台，在鎮上雖然看不到伯連納山峰，也能看見好幾座終年積雪的山峰在天邊一角露臉，那一幕山頂的積雪再搭著正往上衝的雲霧畫面，真迷人！

如詩如畫的高山湖泊景觀

　　從旅館走出來，早晨的街道特別安靜，轉角不遠之處便是聖莫里茲湖（ST. MORITZERSEE）。和煦的陽光輕輕地照在湖面，不曉得是太陽的熱度，還是湖面的濕氣，只見湖上有著細碎的嵐煙、薄薄的覆蓋在湖面上。

每位旅客都愛上的湖泊

　　聖莫里茲湖不算大，面積為 0.78 平方公里，但寧靜湖水與群山、草地構成猶如山水畫的美景，注定叫每位旅客都愛上。湖邊遠處萬巒疊翠，湖面倒映著這一切，一艘艘小船在湖上靜悄悄流動過，大家享受沐浴在清晨的高山湖泊中，為這片靈山秀水點綴一分悠遊。

　　據說為了確保湖水的清澈度，當局禁止機動或蒸汽船，只留給非機械推動的小船、帆船、獨木舟或泳客「享用」，原來每年在這湖上也會舉行大型游水同樂的活動，途中豎立一根牌子，上面就有一幅人頭湧湧在湖上享受游水之樂的照片。一般旅客可能未必會租船遊湖，但亦可以在湖邊租單車，每小時只要 10 瑞郎，全天只需 30 瑞郎。

晨曦時分，從房間陽台望出去的迷人景色。

聖莫里茲湖 St. Moritzersee
陽光灑在湖面上，波光粼粼十分閃耀，湖邊便是蒼翠的森林，遠處萬巒疊翠，湛藍的天空掛著浮雲幾朵，即使不登上高山，也能幸福地遇見令人心動的美景。

左：隨處可見的太陽圖案，是聖莫里茲的象徵。
右：翻拍湖邊牌子上的相片，泳客在湖上暢泳。
下：城鎮與湖泊組成的聖莫里茲經典畫面，經常出
　　現在明信片中。照片中即為精華區 St. Moritz
　　Dorf，右下角的紅點為火車站。

一年三百多天的陽光祝福，形成迷人的氣候

　　被譽為擁有「香檳氣候」的聖莫里茲，意思是指超越 1800 公尺的海拔，為此地賦予了全年長達 320 天的陽光普照好天氣。在這裡，乾燥的空氣常常和閃耀的日光結合在一起，空氣也充滿晶瑩的閃光感，置身其中，如同香檳開啟般夢幻與幸福。

　　聖莫里茲的精華區稱為 ST. MORITZ DORF，靠近火車站，一間接一間豪華高級旅館及名店都是依著山丘而建，從火車站走一段路再搭電動手扶梯就能來到此區（詳見上文介紹）。坐十多分鐘的巴士則可前往另一區 ST. MORITZ BAD，不少房價較易負擔的旅館就在那邊，我們挑選了其中一間。

　　這天，我們從 ST. MORITZ BAD 前的湖邊小路開始散步，旁邊是一片綠草如茵的草原，盛開著繁星一般的各色小花。在銀光閃閃的湖泊走一回，輕鬆寫意地走到火車站，接著火車將會帶我們前往哪？想必會是一處不虛此行的世外桃源。

高山下的小鎮瀰漫著清新的空氣，宛如天外仙境

閃爍動人的高山湖泊，令人陶醉不己。

Part 1
冰河健行

經典必去路線：迪亞佛里拉觀景台

迪亞佛里拉峰（PIZ DIAVOLEZZA），是聖莫里茲（ST. MORITZ）周邊的著名景點之一，坐火車前往只需約半小時，在伯連納－迪亞佛里拉（BERNNIA DIAVOLEZZA）站下車即可見到纜車站。

其實抵達前，PUNT MURAGL STARZ 和莫爾特拉奇（MORTERATSCH）這兩個車站都很值得注意，前者可登上另一個觀景台穆爾塔斯穆拉格（MUOTTAS MURAG，2456 公尺），能俯視整個上恩加丁（UPPER ENGADIN），一幅由四個湖泊加上聖莫里茲組成的風景畫呈現眼前，這山頭已納入我們稍後的旅程。

另外，莫爾特拉奇車站是一條非常輕鬆步道的起點，步道稱為「MORTERATSCH GLACIER WALK」，單程一直走會遇見豎立了一根又一根標記著年份的牌子，第一根牌子會讓你有深刻的印象，上面寫著 1860 年，即是該年莫爾特拉奇冰川（MORTERATSCH GLIACIER）的延伸範圍，隨著

你的步伐向前移，不久又見到「1890 年」的牌子，不用多說，相隔30年後，冰川衰又退了不少……走至步道的盡頭，「哭泣的冰河」便會出現在你眼前。

整段上山的過程也可看到美景 | 坐上前往迪亞佛里拉觀景台的纜車，在圖 2 中可看到閃閃發光的湖泊，那就是著名的白湖，在另一天旅程中，我們從那裡開始健行。

Diavolezza
迪亞佛里拉觀景台

走下纜車，我倆立即被壯觀景象所震撼，
一片一望無際而富有層次感的銀白世界充
滿了整個視野。

伯連納峰→
（Piz Bernina，3854 公尺）

帕魯峰
（Piz Palu，3905 公尺）

Bellavista
（3922 公尺）

Crast' Aguzza
（3854 公尺）

佩爾斯冰河
（Pers Glacier）

冰川鄰鄰，猶如畫中仙境，美不勝收。這裡和另一
個柯爾瓦奇峰（Piz Corvatsch）的觀景區一樣，都
能近距離觀賞到氣勢雄偉的雪峰冰河景色。

帕魯峰
（Piz Palu，3905 公尺）

2

3

以迪亞佛里拉觀景台為主軸
再搭配另一個受歡迎的景點

　　這三個地方都很接近，因此有不少人會將其中兩處安排在同一天前往，以迪亞佛里拉觀景台為主軸，在最好時機早上先前往，然後坐纜車下山換乘火車再到 PUNT MURAGL STARZ 站或 MORTERATSCH 站，因為時間關係，通常都是挑選其一。

不坐纜車，用雙腳直接走過去

　　至於我們，前往穆爾塔斯穆拉格（MUOTTAS MURAGL）實際是在後天的早上，迪亞佛里拉峰（PIZ DIAVOLEZZA）及莫爾特拉奇冰河步道（MORTERATSCH GLACIER WALK）雖然在同一天，但我們不是選擇搭纜車下山這條熱門的路線，而是「用雙腳直接走過去」，這就是冰川健行（GLACIER HIKE）的路線。

伯連納峰
（Piz Bernina，4049公尺）

Piz Prievius
（3583 公尺）

Piz Morteratsch
（3751 公尺）

1

　　我們從迪亞佛里拉峰山腳乘纜車到山頂，纜車每20分鐘就會準時上下各開一班，雖是夏天，但山上溫度只有攝氏兩度，寒風有些刺骨。迪亞佛里拉纜車站是個觀景台及餐廳，出了票口，進到纜車站的室內，牆上掛有許多老照片，記錄著這裡的歷史。

美艷絕倫的女妖

　　迪亞佛里拉峰在義大利語中又稱魔女峰，在海拔2973公尺的深山裡，傳說只要男人走進這座山，就會誤入歧途，因為稱為 DIAVOLEZZA 的美妖，異常美艷，將會施展魔力讓男人留連忘返。

1. 冰川健行從這裡下切至下方的佩爾斯冰河表面，初體驗的人一開始根本不會發覺這斜坡的難度。

2. 冬季時，觀景台四周會有多條不同程度的滑雪道，其中一條在群峰之下。

3. 前往 Piz Trovat 的健行路線。

層疊的高山，秀麗的風光及奇險的峽谷地形

時至今日，誘惑大家當然不是傳說中的女妖，一步出車站，便可馬上觀賞到充滿震撼力的群峰環繞的景色，只見源自於帕魯峰（PIZ PALU）的佩爾斯冰河（PERS GLACIER）全景；以及源自於伯連納峰（PIZ BERNINA）的莫爾特拉奇冰川（MORTERATSCH GLACIER），兩條冰河在山下交會。

從觀景台展開的健行路線

根據官方地圖，在這山頭上有幾條不同程度的健行路線，通往不同山頭，包括 MUNT PERS（3207 公尺）、SASS QUEDER（3066 公尺）、PIZ TROVAT（3146 公尺）等，以及直接步行下山，我想大概探索不同山頭的那幾條路線是最受歡迎的。其中前往 PIZ TROVAT 的路線，從觀景台左邊（西側）開始，

走在陡峭的路線直至 3050 公尺處，再沿空中纜索橫跨峽谷，最後才抵達海拔 3146 公尺的 PIZ TROVAT，在那裡可以欣賞到壯麗的佩爾斯冰河為主的全景。

至於我們從觀景台開始下行的冰川健行，也標示在官方地圖上，一看就知道是這山上最長距離路線之一了！

左及中：迪亞佛里拉觀景台

嚮導（中）跟 Erica 說明行程，其餘都是同團的人，大家滿懷期待準備展開冰川之旅。

迪亞佛里拉觀景台 Diavolezza

站在觀景台前，便可近距離眺望冰河及群峰
組成的壯觀、瑰麗、險峻的景致，嘆為觀止。

Travel Note

官方網頁列出觀景台周邊十多條健行路線，部分如下：

1. Glacier Hike　Diavolezza–Morteratsch｜這是我們參加的冰川健行，
需有專人帶領出發。
2. Diavolezza to Munt Pers｜距離 5.6 公里，需時 2.5 小時
3. Diavolezza to Lej de Diavolezza｜距離 5.6 公里，需時 1.75 小時
4. Diavolezza to Lej de las Collinas｜距離 9.2 公里，需時 3.5 小時

在伯連納冰河區展開冰河之旅

　　右頁的地圖來自伯連納冰河區網站，屬於東阿爾卑斯山脈的伯連納山脈，除了擁有多座三千尺以上的雪峰外，其實還有多條冰河，較為熟悉的有莫爾特拉奇冰川、佩爾斯冰河及帕魯冰川等。

　　從聖莫里茲至阿爾卑斯葛路姆站的五個火車站（橙色）是此區的重點，組成了一條十分豐富的的熱門旅遊線，而伯連納快線（Bernina Express）就是行走在此線上，離開阿爾卑斯葛路姆站後便直奔義大利。

Travel Note

伯連納山脈的部分冰川

1. 帕魯冰川（Palu Glacier）	2. Cambrena Glacier
3. 佩爾斯冰河（Pers Glacier）	4. 莫爾特拉奇冰川（Morteratsch Glacier）
5. Misaun Glacier	6. Tschierva Glacier
7. Sella Glacier	8. Roseg Glacier

我們逐一跟著嚮導下行，難關重重的冰川之旅開始了！

迪亞佛里拉觀景台｜www.diavolezza.ch
伯連納冰川區｜www.bernina-glaciers.ch

阿爾卑斯葛路姆站
（Alp Grum）

伯連納冰河區地圖｜旅客可在纜車站內索取，或在 www.bernina-glaciers.ch 下載。

帕魯峰
（Piz Palu，3905 公尺）

伯連納山脈
（Bernnia Range）

冰原岬角
（Isla Persa）

伯連納峰
（Piz Bernina，4049 公尺）

迪亞佛里拉峰
（Piz Diavolezza，2978 公尺）

白湖
（Lago Bianco）

莫爾特拉奇冰河健行
（Morteratsch Glacier Hike）

莫爾特拉奇冰河步道
（Morteratsch Glacier Walk）

柯瓦爾奇峰
（Piz Corvatsch，3033 公尺）

歐斯比里歐－伯連納站
（Ospizio Bernnia）

伯連納－迪亞佛里拉站
（Bernnia Diavolezza）

莫爾特拉奇站
（Morteratsch）

聖莫里茲
（St. Moritz）

Punt Muragl 車站

穆爾塔斯穆拉格
（Muottas Murag，2456 公尺）

Start

End

Part 2
冰河健行

經典必去路線：莫爾特拉奇冰河步道

我們在迪亞佛里拉峰觀景台啟動的冰川健行（GLACIER HIKE），在下一篇才正式登場，先跳到莫爾特拉奇冰河步道（MORTERATSCH GLACIER WALK）。正如前文所說，最大眾化的路線是在迪亞佛里拉峰搭纜車下山、再換火車前往莫爾特拉奇（MORTERATSCH）車站，就可在山谷裡展開這趟輕鬆易走的冰河之行，直至盡頭便可看到莫爾特拉奇冰河。

東阿爾卑斯山脈中最大最長的冰川

莫爾特拉奇冰河（MORTERATSCH GLACIER，羅曼語：VADRET DA MORTERATSCH），是瑞士東阿爾卑斯山脈中最大最長的冰川，也是伯連納山脈中最具代表性的冰河，其面積為約 16 平方公里，長度 7 公里，名列全瑞士的第 11 名。至於第一名則是少女峰地區的阿萊奇冰川（ALETSCH GLACIER），坐上少女峰鐵道登上最高觀景台就能觀賞到。

沒有踏在冰川上的冰河之行

出發前，首先要明白這條不到一小時的短程路線（因為需要原路折返回火車站，預估需兩小時），大家並不是真正地踏在冰川之上，但為何名稱與冰河有關呢？

莫爾特拉奇車站旁的餐廳

在步道入口的左邊有一條小溪，就是從冰河末端流出來的冰川融水。

莫爾特拉奇冰河步道的入口

穿過步道入口，不久就是第一根寫著「1860」木牌子

在莫爾特拉奇車站下車即可見到步道，幸運的話，在雲霧不多時可稍微眺望到冰川，但只是一點點而已。百餘年前，這一片綠色叢林其實是白色一大片冰川。

莫爾特拉奇冰河

冰河其實是延伸至火車站

　　路線入口就在莫爾特拉奇車站對面，橫過火車軌道便可見步道指標，上面寫著「1860」，由此可知，仕百餘年前，莫爾特拉奇冰河就是延伸到這入口！其後伯連納鐵路於 1908 年通車時，冰川仍可到達這山谷出口附近，火車站於是就建造在冰川之前，當時旅客只需走一小段路就能攀上冰河末端。如今火車站仍在運行，旅客卻看不到冰川末端了。

百年之間冰河後退了兩公里

　　一切全因全球暖化日益嚴重所造成，萬年冰河在這一百多年間衰退得特別快，而且是變本加厲地加速衰退，整整往後退了兩公里之長！現時旅客需要深入山谷，步行一小時才能真正地觀望到冰川。

1900 年

百年前，這裡還是一個充滿冰的山谷，氣候變化使冰川日漸退縮。

1920 年

1880 年

木牌上珍貴的冰河資訊，非常值得細意閱讀，一旦看到照片中不同年份的冰河退縮情況，便會感到相當驚訝，我們會在後面文章再分享。

每走一步便見證著冰川的衰退速度，不免望川興歎。

1950 年

1970 年

1960 年

1985 年

見證了冰川的退縮

冰川離開越久的區域，植物及樹木覆蓋率越高。冰川消逝一百多年的區域，85%地面生長出植物及樹木；冰川消逝40到60年的區域，有50%以上被覆蓋；冰川消逝20年的區域，只有不到20%被覆蓋，消逝十年，則只有約10%被覆蓋。

U 形山谷之形成

冰河向前移動時，會把原來的V字型橫切面變成U字型橫切面，千萬年之間，粗糙的山谷岩層表面更被冰河移動時磨擦至平滑。當冰河退縮時，這些巨大的石塊就被留在原來冰河的河道上，包括兩旁山坡上，因此在這條路線的尾段，即是接近冰河末端（又稱為冰舌最前端），便見到特別多大大小小的石塊。

最後一根牌子是「2015年」，路線盡頭其實還未能一睹冰河全貌，只見冰川末端的陡崖直落冰崖，一般旅客於此止步，冰川健行者及攀登者就會從岩壁小路上行。

登上冰崖才是真正踏足在冰川之上

上行期間會發現一個冰洞，內有乳白色的冰河融水．最後站立在高高的冰崖上，才是「真正踏足在冰川之上」，雪峰與冰川編織成獨特及迷人全景盡現眼前。

我們就是從這條小路下來，再走到火車站。下一回便會述說我們如何從迪亞佛里拉觀景台，一步一驚心地來到這處。

2005 年

冰河遺跡的初段，在路程兩邊滿布灌木叢，隨著走近冰川，景觀差異開始轉變，綠色逐漸減少，只見愈來愈多來自冰川堆積而殘存下來的岩石。

2010 年

迪亞佛里拉峰

莫爾特拉奇冰河的冰舌

冰舌（GLACIER TONGUE）是指山岳冰川（冰川兩大類之一，另一種稱為大陸冰川）流出來的舌狀冰體，冰舌區是冰川最活躍的地段，即是冰川的消融區。冰舌的最前端部分也稱為冰川末端。冰舌前端有陡峭的冰崖，其下方有冰洞，湧出大量的冰川融水。

健行者沿著這條路線從冰川末端的陡斜冰崖攀爬到冰川表面，然後繼續往上行，而我們則是從反方向走下來

冰河末端流出來的冰川融水

2015 年

Part 3
冰河健行

五小時翻山越嶺、橫越兩道瑞士冰河

這是一趟實實在在地走在萬年冰河之上的特別旅程，親眼看到、還要跳躍深不見底的冰川裂縫，用最親近的方法去欣賞及體驗冰河與雪峰之美。全程五小時的翻山越嶺、挑戰自我，每跨出一步都是值得引以為傲的畢生難忘經驗。

上：黃色外套的是健行嚮導，其餘都是我們隊友。中及下：我們沿著觀景台前的下坡路走下。

參加者年齡要求：八歲以上

冰河健行一定要有經驗豐富的嚮導帶領，可是年齡要求竟是：「八歲以上便可以參加」。這句話讓人猜想到這回冰川健行的難度只是「小孩級別」？如履薄冰的驚險豈會是小孩級別，開玩笑！

不要以為瑞士小孩可走的路便是入門級別

旅程中，我們好幾次遇上台灣或香港旅客，每當分享瑞士高山健行的經驗時，大家不其然有這樣的同感：如果見到疑似瑞士父母帶著小孩在登山，千萬不要誤會以為那段是輕鬆安全之路，都是騙人的！

比其他國家的小孩更早培養成為健行高手

瑞士就是山之國，每個瑞士小孩子從兩三歲開始，便跟著父母在高山峻嶺上四處走，我們好幾次步步為營、戰戰兢兢地在白藍白色健行路徑上前進，只見一旁幾歲小孩子跟著父母輕輕鬆鬆地走動，真是傻眼！所以，八歲以上便可以參加，大概僅限於「瑞士小孩」而已吧！

Diavolezza
迪亞佛里拉觀景台

冰川健行一旦開始，就得走下去，完全沒有回頭或反悔的餘地。

一雙防水防滑的高性能登山鞋最為重要

裝備方面，很多人以為冰川健行一定要穿上冰爪，所以只要穿上運動鞋、再裝上冰爪便可以，那就錯了！冰川可分為大陸冰川（CONTINENTAL GLACIER）及山岳冰川（MOUNTAIN GLACIER），顧名思義，前者是覆蓋在一大片陸地上，通常面積很廣闊，去冰島旅行的朋友通常不會錯過冰川健行，那裡就是大陸冰川。

不用裝上冰爪

至於山岳冰川則是在高山之間，冰川有機會被厚厚的白雪覆蓋，所以這次健行有不少路段其實是走在積滿雪的冰川（尤其是第一道冰川）上，因而無需使用冰爪，一雙防水防滑的高性能登山鞋最為重要。

補充一說，後來上網找資料時，發現到一些走同樣路線的旅客，卻要裝上冰爪，我猜想一年之中這處冰川總會有積雪不多的時候，那時冰川健行者就需裝上冰爪。

山岳冰川：從高高的山坡下行開始

大部分山岳冰川是切割山谷兩側而流動，因此健行的出發點通常定在山坡之上，如果下行的山坡長又陡斜，就相當具有挑戰性，難度絕對不下於在冰川的裂隙之間走過。而大陸冰川的健行，則比較少從高點下行至冰川表面。

迪亞佛里拉觀景台

Travel Note

其他的瑞士冰川健行

瑞士境內較為主要的冰河有 40 多條，可供旅客體驗健行的冰河也相當多，例如在貝特默阿爾卑（Bettmeralp）的阿萊奇冰川健行（Aletsch Glacier hike），大概是陽光角度等的緣故導致積雪不多，參加者除了要裝上冰爪，也要和嚮導用繩索串連在一起行走。

橫跨兩個冰川的健行路線

　　冰川健行團於十點整開始，集合點在迪亞佛里拉觀景台前方，72 歲卡喬里（ARNO CAJORI）是我們的導遊，擁有 40 多年嚮導經驗，一行 16 人，亞洲代表只有我倆，並沒有八歲或以上的小孩，全都是成人。登山杖不是必備工具，但非常建議使用，只有少數幾位沒有使用。

抵達最下方就是佩爾斯冰河

　　出發時間快到，我們的健行專家用德語說明路線：橫過兩道冰河是重點，首先在觀景台正前方的山坡開始下切（注意不是走之字形繞下去），抵達最下方的佩爾斯冰河（PERS GLACIER），最令人讚嘆的冰川景色便在我們眼前一直上映；橫過第一道冰河後，便攀爬上一座兩條冰河交會的冰原岬角（ISLA PERSA），午餐就在那裡享用。

全程下切超過 1118 公尺的高度

　　健行下半場是在冰原岬角下切至莫爾特拉奇冰河，然後循著冰河下流方向一直走，抵達冰河末端，即是上一篇提及莫爾特拉奇冰河步道（MORTERATSCH GLACIER）的盡頭，最後走至終點莫爾特拉奇火車站。全程總共下切超過 1118 公尺高度，超過五小時，約三小時都是在冰川上行走，中間只有約 20 分鐘的午餐，其餘都是一直走、一直攀爬、一直走、一直攀爬！

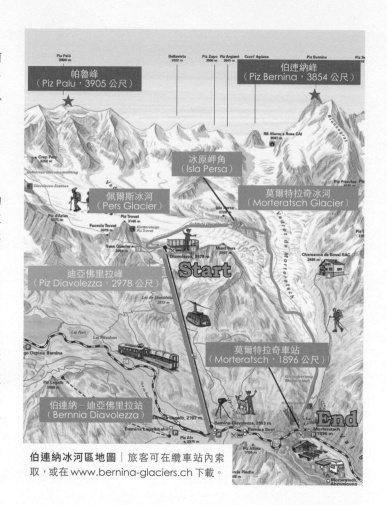

伯連納冰河區地圖 | 旅客可在纜車站內索取，或在 www.bernina-glaciers.ch 下載。

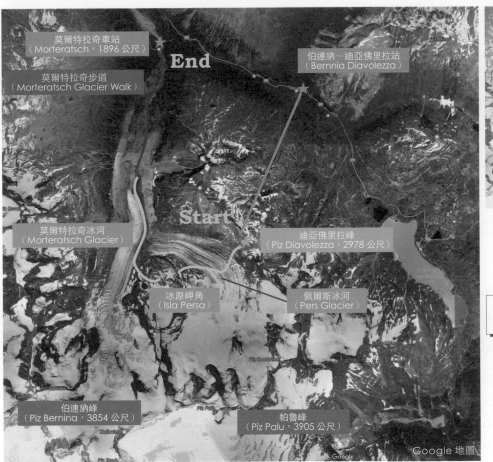

莫爾特拉奇車站
（Morteratsch，1896 公尺）

End

伯連納—迪亞佛里拉站
（Bernnia Diavolezza）

莫爾特拉奇步道
（Morteratsch Glacier Walk）

Start

莫爾特拉奇冰河
（Morteratsch Glacier）

迪亞佛里拉峰
（Piz Diavolezza，2978 公尺）

冰原岬角
（Isla Persa）

佩爾斯冰河
（Pers Glacier）

伯連納峰
（Piz Bernina，3854 公尺）

帕魯峰
（Piz Palu，3905 公尺）

Google 地圖

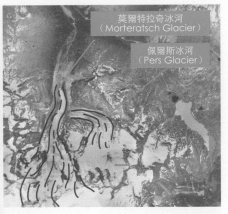

莫爾特拉奇冰河
（Morteratsch Glacier）

佩爾斯冰河
（Pers Glacier）

Travel Note

莫爾特拉奇冰河健行路線

迪亞佛里拉觀景台（2978 公尺）→

佩爾斯冰河 →

冰原岬角（2720 公尺）→

莫爾特拉奇冰河 →

莫爾特拉奇火車站（1896 公尺）

走了一小段，
已經心驚起來！

第 1 關：心驚膽跳的駭人山坡

出發前一刻，我觀望著迷人的伯連納山脈，想像著即將踩在萬年冰川上會是怎麼樣的興奮，壓根沒想到自己會出錯或掉進山谷裡，而且還有嚮導的帶領，我們定必可以毫髮不傷地完成旅程。在觀景台無法觀察到這下坡路段到底有多險峻，同時也對山坡高度完全沒有概念，豈料走了一小段，我倆便心驚起來，是真的打從心裡湧上一份驚惶害怕的情緒！

上一回只是不足掛齒的小山坡

在《最完美的瑞士之旅》中記錄了我們曾行走的一條白藍白健行路線，許多讀者看過「我們要在山坡高處攀爬下去」的驚險照片，都覺得難度相當高，可是經歷克服這座山坡後，只可說上一回真是不足掛齒的小山坡。

很容易誤踏碎石而失足飛墜下去

先說一說這陡峭山坡的高度，起點的觀景台是 2978 公尺，抵達下方的佩爾斯冰河，地圖上沒有顯示高度等數據，不過接著攀爬到冰原岬角是 2720 公尺，兩者相減，然後粗略地再加上 100 至 150 公尺，這山坡高度至少 350 公尺。

陡峭度大才是關鍵

山坡高度其實不是重點，陡峭度大才是關鍵，最要命的是我們不是繞之字路下行，而是幾乎直接下切走在根本稱不上路的下坡路，大部分是鬆散的碎石及泥土，積雪又使得路更難行走；假使其中一人不慎誤踏碎石而不穩滑倒，會像推骨牌般一連撞倒好多人飛墜下去嗎？

圖中首位男團友正位於一處相當驚險的位置，萬一不穩會怎麼樣呢？

問題：先看左幅，再看右幅，發現有何不同嗎？（答案在後頁。）

突破自己的底線、走得更遠

因此，強烈建議走在導遊之後，緊緊跟隨著他，用雙眼盯著他的每一步，他踩過那處，自己也跟著踩上去。如此一來，雖然沒空觀看四周的風景，但盡量跟著穩穩踏好每個腳步，安全抵達下方才是最重要。

經歷數次輕微的滑倒及踩空

（上頁問題的答案）事實上，我倆一開始是排在後段，經歷過數次輕微的滑倒及踩空，雖然沒有受傷，但心裡已涼了半截。我們狼狽情況早被導遊看在眼裡，當走至中段緩地時他立即將我們「晉升至第二及第三位置」，提示地說著：「Keep closer, small steps, and repeat my steps.」。

這就是我們剛才走過的路徑

踩著導遊的步伐的馬上顯現好處，我們心裡踏實了許多，緊繃的心情也暫時舒緩，只需專注複製及踏穩每一個步伐，再也沒有滑倒。

看不透眼前的難關也是一件好事，沒有太多擔擾、也沒有顧慮，這樣便有可能突破自己的底線、走得更遠。如果一開始在這冰川表面上觀望到山勢陡峭直立的險地，我們還會選擇走下來嗎？

抵達冰川表面上，再拉遠一點點的距離，我回望所走過的路，便不禁深深地倒抽一口氣……這座又高又陡的峭坡我們征服了，大半小時前還在上方的觀景台，如今已變成小小的一點，真不敢置信！

踏在佩爾斯冰河之上

　　踏上冰河表面的這一刻，有一種費盡力氣的喜悅和滿足，只走了兩成路段足以讓我們感受深刻。天氣真好，感謝，陽光也特別強烈，灑向整片冰川大地，如此開闊、如此耀眼，可以盡情飽覽冰雪鋪展的絕景。

左：抵達冰川後，也許情緒高漲，也許陽光猛烈，大家紛紛脫下外衣。
右：在這重要的一刻，自然要拍照留念。

經歷數次輕微的滑

　　佩爾斯冰河的積雪夠厚又結實，所以真的不用冰爪，走起來安全許多。冰川上流正前方就是帕魯峰（PIZ PALU，3900 公尺），其另一邊就是義大利。佩爾斯冰河的源頭就在帕魯峰及 PIZ CAMBRENA（3602 公尺）之間，以平均 10 至 15% 傾斜度向北下流，最後在陡峭斜坡與莫爾特拉奇冰河交匯。

　　往事只能回味，幾年前佩爾斯冰河也融化得特別快，隨著其冰舌後退，與莫爾特拉奇冰河的冰舌已經分離……

佩爾斯冰河源頭

Travel Note

佩爾斯冰河（Pers Glacier）

源頭｜在帕魯峰及 Piz Cambrena 之間
長度｜約 4 公里　　面積｜約 6 平方公里
寬度｜最長 1.5 公里

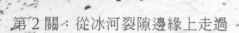

第2關：從冰河裂隙邊緣上走過

頂著陽光，我們要橫越佩爾斯冰河，到另一邊山坡下方，然後才能攀爬到冰原岬角，方可休息。

冰川上有很多裂隙，有些裂隙表面不大，但內部却又深又寬。

一道道的冰川裂縫

當愈走近另一邊，冰川表面的波痕變得十分明顯，高低起伏的差異變大，一道道的冰川裂隙就在這段路上出現。

一不小心就會身陷危險

冰川裂隙深淺不一，遇上較深的裂隙自然要加倍小心，即使看起來很淺的裂隙也不要輕視，因為冰川上面覆蓋的積雪會造成錯覺，走在其中的你根本看不出差別，說不定積雪下就是幾公尺或幾十公尺深的大洞！

因此，欲探頭往下望裂隙到底有多深的你，就要萬分小心，千萬不要樂極忘形而移動至邊緣的最外圍，很容易一不小心滑下去，最好有專家在旁才探頭觀望啊！

冰隙（crevasse）

為冰川上的深溝。冰川在重力作用下，每天會平均移動數十公分
左右。由於冰塊移動速度不一，因而產生拉伸力，最後導致冰隙
的形成。冰隙一般寬一公尺左右，長數百公尺，深達數百公尺甚
至上千公尺。很多冰隙表面覆蓋冰雪，不容易被人們發現。

幸好，冰川裂隙是順著前進之路，大家只需沿著冰隙邊緣而行走、或爬上爬下，難度也不算高。

迪亞佛里拉觀景台

第 3 關：登上兩道冰川之間的高處

穿過第一道冰河後，我們便開始在俗稱失落島（LOST ISLE）的冰原岬角向上攀行。它位於佩爾斯冰河與莫爾特拉奇冰河之間，如果沒有它，兩道冰河的冰舌會在更高處連接起來。這段上坡路自然沒有人工修築而成的路，不過因為沒有積雪，攀爬至岬角高處也不會太困難。最高處當然是個視野極好的地方，這頓午餐大家吃得特別高興和感動，置身於群山及冰河之中，隨性挑一塊石頭坐下來，遠眺高聳入雲的雪峰，向下則俯瞰兩道壯麗冰河的交滙，通通都是在觀景台無法觀看到的絕美景色。

抖擻精神再出發

午餐以簡單又能補充體力為主，是大家事前自己準備的。我們帶備了麵包、乾火腿、水果等，還有溫水。在瀰漫著一股凜冽氣息的奇峰峻嶺裡，喝下溫水，有一種說不出的舒服感。人有三急的話，大家只需靜悄悄地走開，躲在大石之間解決。

左上：攀爬這段上坡路，充滿鬆散的岩塊碎屑，是因冰川移動所造成，稍後會說明。
右上：上行途中回望一下，便見到剛才走過一道的冰川裂縫。
左下：登上冰原岬角，算是完成旅程的四成左右。
右下：喝一口溫水，相當舒服。

莫爾特拉奇冰河源頭

伯連納峰

Piz Cambrena
（3607 公尺）

Fuorcla Pers Palu
（3400 公尺）

Piz Palu Orlentale
（3882 公尺）

帕魯峰
（Piz Palu，3905 公尺）

Piz Spinas
（3823 公尺）

Bellavista
（3922 公尺）

Crast Aguzza
（3854 公尺）

Pers Glacier
佩爾斯冰河

Bernina Range
伯連納山脈

伯連納峰
（**Piz Bernina**，4049 公尺）

Piz Prievius
（**3583 公尺**）

Piz Morteratsch
（3751 公尺）

Piz Tschierva
（3546 公尺）

Piz Boval
3353 公尺

Morteratsch Glacier
莫爾特拉奇冰河

冰川移動的威力

　　20 分鐘後，大家抖擻精神提腿勇闖第二道冰川。水凍結成冰，體積會增加大約 9%。當融化的冰雪水在岩石裂縫裡再凍結時，會對岩體產生強大的側壓力，力度最大可達 2 噸／平方公分，因而造成大量岩石破裂。

　　這樣，隨著冰川的移動，就會不停地在山坡上和冰川底床造成鬆散的岩塊碎屑，山坡上的碎屑會滾落到冰川上，因此冰川兩側會出現特別多碎屑，而我們無論在佩爾斯冰河兩側攀上攀落時，都是在一大堆大大小小岩塊之間，一邊走著，一邊也見證著冰川流動過程中所產生的威力。

伯連納峰

莫爾特拉奇冰河源頭

我們是從這邊山坡走下來的

某個瞬間有種如夢如幻的錯覺，冰河忽然動起來、冰隙變成高大的海浪，是那麼的洶湧澎湃，我們非要奔跑起來，不然會無聲地淹沒在深深的冰川裡……

當回過神來卻發現，一切依然是靜止的。

宛如置身史詩式大電影之中

　　再度從山頭往下切，由於第一段的駭人山坡帶來的實戰經驗太豐富，雖然這段也是走在滿布鬆散的岩石之間，我們已能夠遊刃有餘，順暢地下切到面積更大的冰川。莫爾特拉奇冰河是東阿爾卑斯山脈中最大最長的冰川，其源頭在伯連納峰及旁邊的數座山峰。

　　這一處廣闊的冰川河床積雪不多，直至下方的盡頭多處都是緻密堅硬的冰塊，靴子摩擦冰河表面發出喀擦喀擦的聲音，就像剉冰機剉冰一樣。

　　中午以後陽光更強烈，即使戴著太陽眼鏡也能感受到那分耀眼奪目的視覺刺激。放眼遠望，上方的多座被厚厚的雲層覆蓋的山峰，那種層次感讓人的心靈多麼震撼，有如置身史詩式大電影之中。

重重的流動線條彷彿舞動起來

　　踏在莫爾特拉奇冰河跟佩爾斯冰河又是不同的體驗了，高低起伏的冰川在猛烈的陽光下呈現出重重的流動線條，在我眼中彷彿舞動起來，置身其中一切變得很夢幻。

> **Travel Note**
>
> ## 莫爾特拉奇冰河（Morteratsch Glacier）
>
> 源頭｜伯尼納峰（Piz Bernina）及旁邊數座山峰
> 長度｜約 7 公里（120 年前冰川還要再長 2 公里）
> 面積｜約 16 平方公里
> 最高點｜海拔 4020 公尺　最低點｜海拔 2020 公尺　冰層厚度｜75 公尺
> 為瑞士東阿爾卑斯山脈中最大最長的冰川，也是伯連納山脈中最具代表性的冰河，名列全瑞士第 11 名。

第 4 關：在冰河裂隙上跳躍

雖然正值盛夏，但因為這裡已高達海拔 2500 公尺以上，所以冰面消融並沒有那麼快，走起來不會濕滑。我們時而踏在結實的冰塊、時而經過冰隙間的水流、時而通過一窪窪的水洞，都是輕輕鬆鬆地愉快地前進。

下行時，我們也遇上好幾組正在上行的的冰川健行隊，都是一位領隊用繩子串連三至四名隊員，套上冰爪朝著更高更深入的上方前進；如果目的地是登上最高的伯連納峰或旁邊的山峰，便會在 3597 公尺的山中小屋（RIFUGIO MARCO E ROSA）住宿一夜，第二天清晨才出發攻頂。

冰川裂縫正迎接著我們

輕鬆有時，難關有時，好幾道深不見底的冰川裂隙正迎接著

我們。這次裂隙並不是順著我們前行路線，而是橫向，每一道的寬度之長足夠叫人非要跳躍不可。

導遊來到冰隙邊緣也不停步，伸出兩根登山杖在另一邊邊緣支撐著，身手敏捷地抬腿跨越過去，頭也不回繼續前行。

在冰川裂縫上的懸空那一瞬間

緊接輪到我們，沒有多想、也沒有時間猶豫，下面是什麼？管他的下面是深不見底！跳躍之時，望著前方，最忌望著下方的冰隙，懸空那一瞬間腦袋空白一片，只感到不可思議，只知道我們一定要奮力跳躍橫跨……順利跳過第一道冰川裂隙後，信心也提升，接下來一道又一道，身體好像愈來輕盈，我們全都豪邁、飛快地跳躍過去，多麼興奮！

左：正在上行的冰川四人隊，我們能像他們一樣走到更深入的冰川地帶嗎？中：這一帶的冰隙特別多、特別深，也特別迷人。右：踏在莫爾特拉奇冰河表面上，又是另一個感動的美麗時刻。

管他的下面是深不見底，
只知道我們一定要奮力地跳躍！

最後的下坡路

　　呼！終於抵達冰河的末端，這裡也是冰舌前端，正是上篇的尾段。周遭顏色早已不知不覺地變化，雪白逐漸褪去，這處是高數十公尺接近垂直的冰崖，一旁有不少年青人在接受冰崖攀爬訓練，我們從側邊小路下行，最後的下坡路受到冰川移動影響而滿布大大小小的岩石，雖然難走，但大家也因為終點在望而一鼓作氣走下去。

左：數十公尺接近垂直的冰崖。　右：抵達最下方，這滿滿石塊的山坡就是冰川末端。

一切艱難都是值得

　　我們多走半小時便走完莫爾特拉奇冰河步道，到達莫爾特拉奇火車站，才真正完成這趟冰川健行，嚮導卡喬里滿意地宣佈：「我們用了 5 小時 15 分便完成，成功了！」大家紛紛向他握手道謝及合照，我們也順道表示：這天的冰川健行必在我們新書中佔有重要的位置。

　　　　　　疲憊的我們，已經舒適地坐上回程的火車上，車窗外彷彿上映每一段在神奇壯闊冰川上的難忘畫面。回味之際，我們感到十分亢奮同時夾雜著無限的感動，深深感覺一切艱難都是值得。

上：莫爾特拉奇火車站，終於抵達終點啦！
中：每一位團友都滿載而歸，跟嚮導道謝。
下：我們跟嚮導分享作品及合照。

早有準備，晚上每隻腳都貼上好幾片舒
緩足部貼片！

冰川及雪峰在百年間的消融

　　莫爾特拉奇冰河步道上的每一座路標，均有豐富的冰河資料，錯過的話，可在官方網站下載 PDF 檔案來重溫，非常值得抽時間認真閱讀；我們在裡面選取了部分相片，又透過 www.swisseduc.ch（是個瑞士學術網站，內有專家針對伯連納山脈作出多年記錄）整理出更多，大家只要看了這些照片，就會更具體認識到冰川及雪峰的消融慘況。

　　1. 這張照片是在半空中所拍攝，清楚見到火車站與莫爾特奇冰河末端的距離，那就是百年前的冰川所延伸的範圍，約兩公里長。

　　2. 左及中是 1880 年及 1890 年的莫爾特拉奇冰河官方繪圖，與現在的衛星影像對比一下，冰川的後退情況顯而易見。

　　3. 及 4. 左圖是拍攝於 1972 年，當時佩爾斯冰河流向莫爾特拉奇冰河而連接一起。到了 2012 年，前者已後退、不再連接後者，相當震驚。我曾使用 GOOGLE MAP 看過這區，衛星照片也顯示出兩道冰河分離的狀況。

　　5. 及 6. 1996 年及 2012 年佩爾斯冰河表面的照片，清楚顯示出不少地方的冰川已消失，岩石表面完全顯露出來。

　　7. 及 8. 四千公尺的伯連納峰（1978 年與 2003 年），覆蓋在其中一邊陡斜山壁上的冰雪也幾近消失。

　　9. 及 10. 在迪亞佛里拉觀景台可觀望到帕魯峰的角度（1998 年與 2003 年），只相隔短短的五年，可見消融速度相當快！

冰川末端

照片還顯示出一條小溪，那就是從冰川末端流出來的融水。

火車站

現在

1860 年　　　　　1870 年　　　　　現在

本頁照片來源：www.bernina-glaciers.ch

3　佩爾斯冰河　兩道冰河交接處　1972 年　莫爾特拉奇冰河

4　佩爾斯冰河　佩爾斯冰河後退，兩道冰河不再連接，露出石班。　2012 年

5　1996 年

7　1978 年

9　1998 年

6　2012 年

8　2003 年

10　2003 年

本頁照片來源：www.swisseduc.ch

年年融化的冰河留下的無盡難過和心痛

　　整個恩加丁地區總有 173 條冰河，覆蓋 40 平方公里，自 1878 年以來，人們每年測量莫爾特拉奇冰河的變化，至 1998 年冰川整體後退了 2 公里，平均每年約 17 公尺，接著從 1999 年至 2005 年加速增至每年退縮 30 公尺，這個趨勢依然在持續⋯⋯

　　編寫這幾篇關於冰川健行的文章，用上了大量時間去收集、閱讀及整理，一邊研讀文字及圖片，一邊對照自己真實看到的「冰川變成山谷」的震撼畫面，然後又沉澱思緒，到最後才能發酵而寫畢。

　　我們在瑞士因為異常壯麗景色而感到興高采烈，但也因為親眼見證到早已或正在消逝的大自然環境而熱淚盈眶。據說再過數十年，只有四千公尺以上的冰川才能存留下來，雖然自己有生之年未必要與冰川說再見，但到了下一代已很明顯的有了答案。

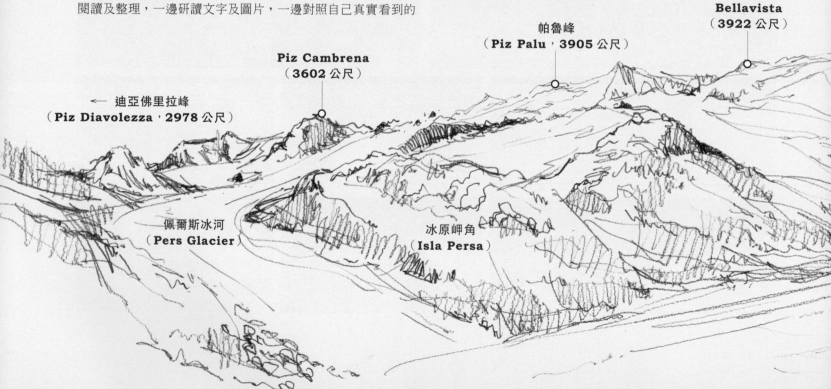

Bellavista
（3922 公尺）

帕魯峰
（Piz Palu，3905 公尺）

Piz Cambrena
（3602 公尺）

← 迪亞佛里拉峰
（Piz Diavolezza，2978 公尺）

佩爾斯冰河
（Pers Glacier）

冰原岬角
（Isla Persa）

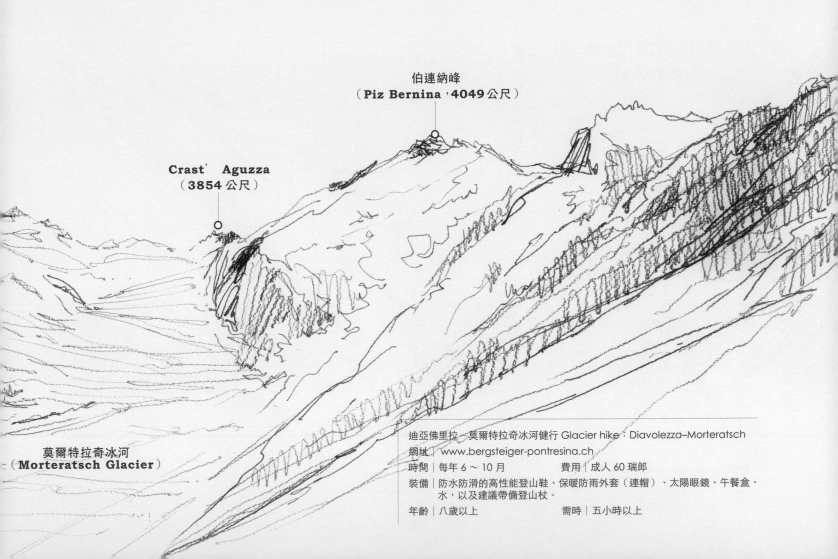

伯連納峰
（**Piz Bernina**，**4049**公尺）

Crast' Aguzza
（**3854**公尺）

莫爾特拉奇冰河
（**Morteratsch Glacier**）

迪亞佛里拉－莫爾特拉奇冰河健行 Glacier hike：Diavolezza–Morteratsch
網址｜www.bergsteiger-pontresina.ch
時間｜每年 6 ～ 10 月　　　　費用｜成人 60 瑞郎
裝備｜防水防滑的高性能登山鞋、保暖防雨外套（連帽）、太陽眼鏡、午餐盒、
　　　水，以及建議帶備登山杖。

年齡｜八歲以上　　　　　　　需時｜五小時以上

Lago Bianco & Palu Glacier
白湖與帕魯冰河

從最接近天堂的車站展開老少皆宜的健行

Palu Glacier
帕魯冰河

經歷了一天累極的冰川健行，一夜好眠後，第二天雙腳仍然隱隱疼痛，不過我們實在太熱愛在瑞士健行，所以又再穿上登山鞋於一大清早出發。

瑞士非常受歡迎的火車站之一

上一回介紹的莫爾特拉奇（MORTERATSCH）車站，由於莫爾特拉奇冰河（MORTERATSCH GLACIER）後退的速度很快，原本在車站可看到的冰河，現在卻「此情不再」。不過，在附近另一個車站：阿爾卑斯葛路姆（ALP GRUM），乘客仍可在月台上觀賞到帕魯冰河（PALU GLACIER），車站因而成為瑞士非常受歡迎的火車站之一。

極好的觀賞冰河的角度及距離

帕魯峰（PIZ PALU），是不是有點熟悉？它是伯連納山脈的山峰之一，在迪亞佛里拉觀景台（DIAVOLEZZA）可以觀賞到，不過因為帕魯冰河位於東南邊，所以只有在阿爾卑斯葛路姆站才看得到，而且是一個極好的觀賞的角度及距離。

這天的健行路線十分適合帶著小孩子和長輩行走，賣點有三：在平緩之路走得輕鬆、欣賞美麗的湖泊和壯麗的冰川。

白湖與帕魯冰河

首先在聖莫里茲搭上火車，需時約 40 分鐘，每小時均有一至兩班，便抵達歐斯比伯連納站（OSPIZIO BERNINA），下車就是著名的白湖（LAGO BIANCO）；接著沿著白湖慢慢晃，一個多小時可走到阿爾卑斯葛路姆站，那裡可觀看到帕魯冰河，是一條相當熱門的經典路線。最後，坐上火車返回聖莫里茲。（可參考前面地圖）

造就再訪之旅

前文已簡單地介紹過，從聖莫里茲至阿爾卑斯葛路姆站是一條十分豐富的熱門旅遊線，伯連納快線（BERNINA EXPRESS）也是行駛在此線上，去年我們搭伯連納快線時已經過這段，其中歐斯比伯連納站及阿爾卑斯葛路姆站在我們心底裡留下深刻印象，只因當時沒有中途下車展開健行，所以造就再訪之旅。

三座相鄰的湖泊

火車前往途中，我們特別留意車窗外不斷轉變的景色，因為伯連納峰與帕魯峰會在右邊的天際一角出現，一見到馬上便勾起我們冰河健行的深刻記憶。快到站時，旅客會留意到這邊其實有三座相鄰的湖，第一座是面積很小的 LEJ PITSCHEN 湖泊，緊接是俗稱黑湖的 LEJ NAIR，湖水顏色比較黑，這兩座都是天然湖泊。

火車沿著湖泊行駛時，這段車窗景色最為吸引！

伯連納峰

帕魯峰

前往途中，記得留意車窗外景色：伯連納峰與帕魯峰會出現。

阿爾卑斯葛路姆站
（**Alp Grum**）

歐斯比伯連納站
（**Ospizio Bernina**）

白湖
（**Lago Bianco**）

此圖是在前一天坐纜車登上迪亞佛里
拉觀景台途中所拍攝。

最接近天堂的車站

Ospizio Bernina

具儲水發電功能的半人工湖泊

目的地白湖的面積最大，佔地1.5平方公里，光是環湖一周就有八公里。此湖原本是兩座天然湖泊（LAGO BIANCO 及 LAGO DELLA SCALA），後加工改建成具儲水發電功能的半人工湖泊，兩側建有堤防，水深53公尺，水量0.18億立方公尺。

最接近天堂的車站

在瑞士高山中，高山與湖泊經常組成絕美景色，甚至在對的時候便可欣賞到高山倒影在湖泊的珍貴美景；但在白湖無法看到，但我卻用「最接近天堂的車站」形容這裡，只因其驚艷之處在於白湖的湖水，是這麼一大片的 TIFFANY BLUE，活像有一群天使在湖上將乳白色的顏料調進了湖水中，如此夢幻的湖水畫面，一直在我腦海裡無盡地重覆上映！

Tiffany Blue 的原因

白湖的 TIFFANY BLUE 這麼特別，自然有原因，事實上是冰河融水和泥沙混合後形成的特殊顏色，再配上湖泊另一邊白雪靄靄的 CAMBRENA 峰（3606 公尺）和 CAMBRENA 冰河的襯托，這一帶因而看起來特別的色彩迷人。

建於湖畔中段的歐斯比伯連納站，讓乘客下車無論往哪邊走都同樣方便。這裡是伯連納快車的最高點（2253 公尺），有多條不同難度及主題的健行路線，大部分遊客的目標是下一站的阿爾卑斯葛路姆。

這路線分為三段，每段景色都不一樣。沿著白湖而走的平緩步道最為漂亮，有時沿著湖畔行走、有時會走在湖邊山坡上，都可以從不同距離及高度欣賞到湖泊及周圍的景色。在開闊的視野與 TIFFANY BLUE 湖水的陪伴下，紅色火車偶然在一邊駛過，這一切都交織成美好的健行時光！

左上：在歐斯比伯連納站月台上，設有建設此百年鐵道及周邊環境的歷史，未出發前先了解一下。

右上：外國旅客在湖畔健行，本地人則在湖邊享受釣魚之樂。

左下：我們去年經過這個最接近天堂的車站，便將它收錄在前作。

右下：白湖是一座具儲水功能的半人工湖泊，當走至兩側便可見到堤防。

> **Travel Note**
>
> 健行路線│歐斯比伯連納站 → 阿爾卑斯葛路姆站
>
> 賣點│輕鬆易走，特別適合小孩子和長輩行走；可欣賞到白湖和帕魯冰河。

Hotel Ristorante Belvedere

上：健行的第二段，開始進入叢林。

下：我們在山頂餐廳享用午餐，身後是帕魯冰河。

義大利

波斯基亞沃

左：尾段轉換成開闊的山谷景色，一直遠望就是義大利，可乘坐伯連納快線前往。右：Hotel Ristorante Belvedere 的兩邊擁有極好的景觀，一邊可以近距離觀賞帕魯冰河，另一邊是山谷美景。

走過白湖盡頭的水壩後，便進入下半段，視點由廣闊的碧水藍天，慢慢收窄至翠綠的叢林，這段路有輕微起伏但也走得輕鬆；當走至在山坡中間鑿壁而成的小路，又回復到極開闊的視野，原來我們已不知不覺來到較高的位置，眼底下是一大片深深的山谷美景，谷底小鎮是波斯基亞沃（POSCHIAVO），當列車穿過這城鎮繼續往南走，不久便駛進義大利的國境。

火車克服超過一千公尺的落差

被列為世界遺產的伯連納鐵道有逾半數的路程，行駛在海拔一千八百公尺的高地上，其中眼前的這個山谷可見證到瑞士人開山鑿洞建鐵道的功力，快要抵達的阿爾卑斯葛路姆站（2021 公尺）至波斯基亞沃站（1014 公尺），在這短短的 16 公里中，火車以繞圈式在山谷裡多次大轉彎並穿梭多個隧道，才能克服急降一千公尺的落差！

絕佳的觀賞冰河之處

阿爾卑斯葛路姆站後的山坡，是我們健行最後一段，我們在這裡的山頂餐廳 HOTEL RISTORANTE BELVEDERE 休息，一邊悠閒地享用午餐，一邊細意欣賞帕魯冰河。

從這裡可近距離眺望伯連納峰與帕魯峰中間流洩而下的帕魯冰河美景。上一回我們只在山腳下的車站觀賞景色，這一次則在更高的山坡上，還能欣賞到火車在迴旋鐵道大轉彎與冰河組成的珍貴畫面。

於 1910 年開始運作的車站

阿爾卑斯葛路姆站能成為極受歡迎車站的原因，跟前面的歐斯比伯連納站一樣，擁有非常吸引人的景觀。它座落於斷崖絕壁上，於 1910 年開始運作，一開始只是環形交叉的地段，現時的車站建築及餐廳是在 1926 年開業。

幾乎全部乘客都峰湧下車看冰河

每逢火車駛經此站，也會稍微停久一點，幾乎全部乘客都會馬上下車，快速走到車站觀景台拍照；從這裡可眺望到的冰河美景，跟在後面山坡上看到的畫面又是另一番味道，我們佇立觀景台前，即使第二回，對於眼前的冰河景觀依然感到深深地嘆為觀止。

全長 3.5 公里（2005 年）的帕魯冰川，跟莫爾特拉奇冰河一樣，同樣因氣候暖化而在退縮中，在 2001 至 2009 年之間總共退縮了 150 公尺。冰川融水從上面一直流下來，在谷底下聚成小小的冰川湖泊，從觀景台向下望便可見到。

這裡還有著名的鐵道美景，就是剛才提及的，由於車站位於山崖轉角處，火車駛到這一段會慢慢減速，在迴旋鐵道上表演 180 度的大轉彎，展現出十分優雅迷人的曲線，然後以 7% 的坡度攀爬上去或繞下去。不過，如此優美的大轉身，旅客需要拉遠距離，只有在後面山坡上才可清楚觀賞到。

帕魯冰川

冰川湖泊

阿爾卑斯葛路姆站

1.-3. 只有站在山坡上才看得到鐵道美景，一列上行的火車正在表演 180 度的大轉彎，那條曲線多優雅！

4. 車站的觀景台，聚集不少欣賞冰川的旅客。

帕魯冰川（2016 年）

在 www.swisseduc.ch 網站中，亦可看到 1973 年及
2005 年的冰川照片，有著明顯的差別，拍攝地點就在
這火車站上；再與我們拍攝到的相片比較，又發現到從
2005 年到 2016 年，冰川又再後退了！

1973 年

2005 年

搭火車暢遊夢幻的湖泊

折返途中這一段的景色同樣不可錯過。雪融而成的白湖，中午過後的陽光異常明亮，湖泊的 TIFFANY BLUE 也變得更夢幻，配襯著鮮艷的紅色列車的行駛，因而成為瑞士鐵道風光最聞名的畫面之一。

白湖的 TIFFANY BLUE 可說是「夏天期間限定」，若在寒冬到訪的話，那時候是一大片白茫茫的結冰湖面，想必是另一番怡人景色。

Muottas Muragl
穆爾塔斯穆拉格

來看恩加丁山谷的超廣闊全景

邁向聖莫里茲旅程的尾聲，最後一天我們會前往兩個觀景區，穆爾塔斯穆拉格是第一站，中午以後是柯爾瓦奇峰（PIZ CORVATSCH），登上這兩處能觀賞到完全不同距離的景觀，伯連納峰及周邊群山亦會出現其中，微笑著跟大家打招呼。

超廣闊的恩加丁山谷全景

前者超廣闊的恩加丁山谷（ENGADIN）全景，讓人的心胸大開，煩惱事情彷彿一下子輕鬆開脫起來。兩地之間有點距離，因此需要搭公車從前者到後者，那裡將景觀距離拉近許多，會在相當近的位置欣賞到伯連納山脈，心情也瞬間高漲，興奮又震憾！

穆爾塔斯穆拉格，和迪亞佛里拉峰（PIZ DIAVOLEZZA）、白湖（LAGO BIANCO）等幾個在之前文章出現過的地方，座落於同一區域，搭火車的話要在 PUNT MURAGL 站下車，但火車站離登山齒軌車站還有兩百公尺的距離，或是選擇第二個方法搭 1 號公車，我們就是在聖莫里茲火車站前搭乘，在齒軌車站前下車。火車和公車的車程皆為五分鐘左右，分別不大。齒軌列車的來回票價為 35 瑞郎，只要持有 ENGADIN CARD，這三項交通都是免費。

切萊里納鎮
（Celerina）

薩梅丹鎮
（Samedan）

上：1 號公車載我們前往目的地，只需 5 分鐘的車程。
下：公車站就在齒軌車站前，相當方便！
左：登山鐵道是瑞士齒輪登山鐵道的先鋒之一，在 1992 年重新整修後，坡度較之前還要來得更陡。

周邊小鎮有切萊里納鎮及薩梅丹鎮，恩加丁地區共有 13 個城鎮。

穆爾塔斯穆拉格 Muottas Muragl

登上標高 2453 公尺的山頂後，欣賞到非常優美的群峰景觀，更可以清楚地觀望到聖莫里茲的全貌。

山上的觀景台，除了車站外，還包含 Romantik Hotel Muottas Muragl，房間的視野極好，擁有帕魯峰景色的雙人房間為 282 瑞郎。左圖是車站上層的觀景台，白色建築物就是這間山頂旅館。

恩加丁山谷的超廣闊全景

　　聖莫里茲屬於恩加丁地區裡的 13 座城鎮之一，這區周圍滿布雄偉山峰，又分為上恩加丁（Upper Engadin）與下恩加丁（Lower Engadin）。每半小時便有一班齒軌列車，我們已登上海拔 2456 公尺的穆爾塔斯穆拉格，繞到車站後面的山坡，拾步而上來到最高位置，一望碧空如洗、陽光明媚，眼前的深綠谷地上四個湖泊與聖莫里茨等城鎮，組成了一幅旖旎風光的上恩加丁區全景。

Bernina Range
伯連納山脈

全景的另一邊，眾裡尋他，我們又見到伯連納山脈藏於群嶺之後，此刻極目遠望那組白雪皚皚、魅力無窮的群峰與冰川，與前天冰川健行的難忘驚險畫面交疊在一起，一種想要再來一趟冰川健行的強烈欲望湧上心頭。

1. 帕魯峰（Piz Palu）
2. 伯連納峰（Piz Bernina）
3. 聖莫里茲湖（Lake St. Moritz）
4. 聖莫里茲（St. Moritz）
5. 羌普菲爾湖（Lake Champfer）
6. 席爾瓦普拉納湖（Lake Silvaplana）
7. 錫爾斯湖（Lake Sils）

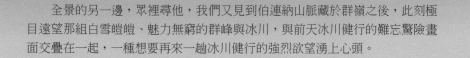

Upper Engadin
上恩加丁

上恩加丁谷地的四個湖泊

琉森有琉森湖、盧加諾（LUGANO）有盧加諾湖，上恩加丁谷地則擁有四個湖泊，就如同瑞士每一地區都有幾個出名又美麗的湖泊一般，依我們的方向所看到的，分別是聖莫里茲湖（LAKE ST. MORITZ）、羌普菲爾湖（LAKE CHAMPFER）、席爾瓦普拉納湖（LAKE SILVAPLANA）及錫爾斯湖（LAKE SILS）。我們住宿地方就在聖莫里茲湖不遠處，是市內不可錯過的地方。

最受遊客歡迎的健行路線

說回穆爾塔斯穆拉格，這裡同樣有多條健行路線，大部分會從觀景台的左邊展開，可以依據自己的腳程和時間來選擇。其中，以這個山頭走到 ALP LANGUARD（2330 公尺）的路段最受遊客歡迎，主要可觀賞到伯連納山谷景色，官方時間為 2 小時 45 分鐘，再從 ALP LANGUARD 搭乘滑雪吊椅下山，那裡就是蓬特雷西納鎮（PONTRESINA），然後坐上巴士或火車繼續接下來的旅程。

幸福地一睹山區的美麗全貌

在這幾天，我們一直只是「深入遊走幾個觀景區、卻無法看到全貌」，倘若無法補上這缺口，聖莫里茲之旅好像就變得不完整，幸好這山頭將我們的視野拉遠，才能幸福地一睹這山區的美麗全貌。

官方地圖

除了最受歡迎的一段，旅客也可以選擇不坐齒軌列車下山，大約 1 小時 45 分鐘折返到山下的公車站。

左：觀景台後方擺放了各種躺椅，讓人寫意舒適地享受日光浴及群山風采。

右：還有不少小朋友的遊樂設施，小朋友玩得不亦樂乎。

Piz Languard（3262公尺）

往 Alp Languard 的健行路線

即使不健行，也要上行至車站後的小山坡頂端，
在這山頭最高點可看到最廣闊的景色。

Corvatsch
柯爾瓦奇

登上恩加丁地區最高觀景台，欣賞近在眼前的群峰與冰川

Bernina Range
伯連納山脈

柯爾瓦奇峰（Piz Corvatsch）高 3451 公尺，也屬於伯連納山脈的成
員，其觀景台（Corvatsch）則高 3303 公尺，是這一帶眾多景觀台之中最
高的一座，因此擁有 Top of Engadin 之稱。

伯連納山脈

慕特爾峰
（Piz Murtel，3433 公尺）

柯爾瓦奇峰
（Piz Corvatsch，3451 公尺）

Corvatsch Bergstation, 3303 m

上恩加丁山谷

從觀景台登上慕特爾峰及柯爾柯爾瓦奇峰的路線，但官方並不推薦一般旅客行走，請注意。

柯爾瓦奇觀景台
（Corvatsch，3303 公尺）

柯爾瓦奇觀景台位於由幾個山峰組成的山體之上。

Corvatsch Mittelstation Murtèl, 2702 m

前往柯爾瓦奇觀景台

柯爾瓦奇觀景台的山腳小鎮叫作 SURLEJ，周邊並沒有火車站，搭 1 號巴士可抵達，可在聖莫里茲火車站搭乘，只需 20 分鐘；或是像我們在穆爾塔斯穆拉格（MUOTTAS MURAGL）下山後，在 PUNT MURAGL 巴士站同樣搭 1 號巴士，巴士會先經過聖莫里茲火車站，穿過市內後，再經過羌普菲爾湖（LAKE CHAMPFER），就會到達目的地，全程 30 多分鐘。

登上山頂的來回車費為 60 瑞郎，持 ENGADIN CARD 可享免費。需要搭兩段纜車，MURTEL 纜車站是第二段，高 2702 公尺。

上恩加丁谷地有四個湖泊，聖莫里茲湖沒有遊船航行，旅客可前往錫爾斯湖，夏季時全歐洲海拔最高的遊船就會在這格勞賓登州的最大湖泊上出動，每天有四班，前往西南邊的馬洛亞鎮（MALOIA，也是 13 鎮之一），40 分鐘後折返，這觀景航線還會途經 CHASTE 半島和埃索拉島（ISOLA）。

Travel Note

尋找本地巴士班次

瑞士國鐵網站（www.sbb.ch）或 APP 不限於火車班次，覆蓋全國的公共交通，包括火車、登山交通、遊船、郵政巴士及城鎮巴士都可以查到，超實用！

伯連納峰
（Piz Bemina）

羅塞格峰
（Piz Roseg）

慕特爾峰
（Piz Murtel）

冰河
（Vadret da la Sella）

Corvatsch 3303

第一部分景色：近距離地觀賞伯連納山脈

其他觀景台無法比擬的壯闊景色

在這 3300 公尺的柯爾瓦奇觀景台，可看到兩部分連成一線的壯闊景色，是此區其他觀景台無法比擬，也是旅客的最大的收穫！

第一部分景色：近距離觀賞伯連納山脈

第一部分景色，跟迪亞佛里拉觀景台（DIAVOLEZZA）有點接近，就是從另一方向近距離觀賞伯連納山脈的群峰及冰川，群峰當中以羅塞格峰（PIZ ROSEG，3937 公尺）及伯連納峰（PIZ BERNINA，4049 公尺）為主，前者是此山脈的第六高。在我眼中，兩處瞭望台的山脈景色真是各有味道、不分上下，同樣散發出一種非凡氣勢。

第二部分景色：一排排群山如波濤滾滾奔湧過來

第二部分景色，在迪亞佛里拉觀景台無法觀賞到，即為上恩加丁山谷的景色，因為這裡比起穆爾塔斯穆拉格更高，山谷及湖泊組成景色之外，最迷倒我的是那無窮無盡的一排排群山，如波濤滾滾奔湧過來。

健行路線從 Murte 纜車站展開

至於健行路線，在這白雪茫茫的山頂上是沒有的，也沒有下行路線，官方地圖推薦了七條（A 至 G 線）不同主題、不同難度的優美健行路線，主要在山中間的 MURTE 纜車站展開，例如 G 線被稱為「全景路線（PANORAMIC TRAIL）」，主要欣賞上恩加丁山谷景色，需時四小時，從 MURTE 纜車站一直走至山腳的 SILS 小鎮。

柯爾瓦特峰
（**Piz Corvatsch**）

第二部分景色：一排排群山如波濤滾滾奔湧過來

觀景台戶外用餐區。

室內用餐區上面，是最高觀賞區。

室內用餐區。

錫爾斯湖
（Lake Sils）

席爾瓦普拉納湖
（Lake Silvaplana）

觀景台及其所屬山體的說明

　　此時要說明柯爾瓦奇觀景台（3303公尺）的位置，位於一組由幾個山峰組成的山體之上。這組山體也屬於伯連納山脈，其最高點就是柯爾瓦奇峰（PIZ CORVATSCH，3451公尺），但觀景台並不在此峰上，只是觀景台取「最高之山」而定名。這山體的第二高就是慕特爾峰（PIZ MURTEL，3433公尺），最靠近觀景台的一座山峰就是了。

　　地理上，「柯爾瓦奇觀景台－慕特爾峰－柯爾瓦奇峰」是三者相連的，而官方地圖卻只有「柯爾瓦柯爾瓦奇觀景台－慕特爾峰」這條路線，而沒有「慕特爾峰－柯爾瓦奇峰」。

沒有走往慕特爾峰

　　最後讓我倆卻步只停留在觀望台，是因為無論在官方網頁或地圖，都沒有推薦這條從觀景台走到慕特爾峰的路線；再加上，車站外雖有出口走到外面雪地上，也沒有任何路線的指標，完全不清楚步行到慕特爾峰所需的時間，種種不明朗的原因，琢磨一下只好放棄。

藍天裡靜止或飄移的白雲，
一大片無邊無際的連綿群山。

錫爾斯湖
（Lake Sils）

席爾瓦普拉納湖
（Lake Silvaplana）

席爾瓦普拉納湖
（Lake Silvaplana）

左及右：拍攝於搭纜車下山之時，不一樣的高度，同樣看到迷人山谷和湖泊的好風光；仔細觀察右圖，還能見到湖水上的雲朵影子，那一片湖水顏色的
層次轉變多美啊！

迷團終於解開：來回至少需 2.25 小時

編寫本文時找了不少資料，最終解開迷團。一些專業瑞士健行網站指出「柯爾瓦奇觀景台－慕特爾峰」這段路需時 30 分鐘，「慕特爾峰－柯爾瓦奇峰」則需要 45 分鐘；回程時比較短，因為走下行坡，所以只需 60 分鐘，來回總共時間為 2.25 小時。

走完全程的時間其實不長，但官方網頁並不推薦這段完全走在雪地上的路線，只因難度非一般旅客所能應付，而且我倆更在網路上看到健行者需要裝上冰爪才能前行的照片。

無法起行雖然感到有些可惜，不過這個決定是絕對正確的。這段路線比起觀景台更靠近伯連納峰等那幾座山及冰川，想像得到景色會更壯觀更動人，那些有能力走在這段路的專業健行者，多幸福，真替他們高興！

伯連納峰
（Piz Bernina）

羅塞格峰
（Piz Roseg）

Piz Sella

冰河
Vadret da la Sella

冰河 Vadret da Corvatsch

慕特爾峰
（**Piz Murtel**）

柯爾瓦奇峰
（**Piz Corvatsch**）

柯爾瓦奇

網址 | www.corvatsch.ch

沿著觀景台樓梯下行，可走到雪地上。

靠近觀景台的雪路，那三人是準備往慕特爾峰、還是更遠的柯爾瓦奇峰呢？

欲想克服卻無法成行，最終以紙筆記下這兩座我們錯過的山峰。

瑞士裸體男女混浴桑拿之初體驗

瑞士境內擁有 250 個富含阿爾卑斯礦物質的溫泉，五大溫泉勝地是洛伊克巴德（LEUKERBAD）、施庫爾（SCOUOL）、拉格斯（BAD RAGAZ）、巴登（BADDEN）及拉韋（LAVEY-LES-BAINS）。從羅馬時代開始，人們便利用溫泉幫助士兵們解除疲勞和治療傷口，勾起日本電影《羅馬浴場》的一些有趣情節在我腦海重現。

大大小小的溫泉中心遍佈大城小鎮，當我們來到聖莫里茲的第一天，一直下著雨，原本的行程現在也不記得了，總而言之不得不取消。當地旅遊局的代表 SUSI 跟我們說：「你們每天健行這麼多時間，正好在下雨天好好舒緩疲勞，安排你們去體驗三溫暖吧！」

新落成的大型溫泉水療運動複合式中心

這座稱為 OVAVERVA 的大型溫泉水療運動複合式中心，新落成不久，位於市內，從我們的旅館走過去，只需十多分鐘，十分方便。它是一座獨立建築物，主要包括桑拿、成人及兒童遊泳池、室內的大型水上滑梯、健身房及餐廳等等，足以消磨半天的時間。

桑拿區的票價為 30 瑞郎，限時三小時，只限 16 歲以上才可使用，租借毛巾、浴服等需要另外收費。正因為下大雨，很多人都像我們轉移到此，排隊人龍也滿長，我們入場後便不再拍照了。

瑞士人生活習慣：男女一起泡浴桑拿

付款後，我倆各自有一條拋棄式手腕貼紙門票，附有電子感應器，可接觸衣櫃的感應器，控制門鎖的開關。這次旅程我們有帶備泳衣，所以毋需租借或購買。

換好衣服後，我們進入「男女混浴桑拿區」，男女一起泡浴桑拿是瑞士人的生活習慣。這裡有各式泡澡池、蒸氣室、熱烘室、泡腳池、休息區及洗澡區。每個溫泉池的水溫都不一樣，滿足不同的喜好。就像日本溫泉區一樣，人們安安靜靜地享受著，數個休息區之中，還有一個完全安靜區，太好了！

舒服極致到令人不願離開的美妙地方

大部分區域都有大型玻璃窗，雖然正值陰天，大家仍一邊享受、休息，一邊沉醉於外面的連綿起伏山景，如果在冬天到訪，視覺享受一定更棒吧！總而言之，這裡是一座空間寬敞，以白色為基調，走簡約風，非常舒服，舒服極致到令我不願離開的美妙地方。

洛伊克巴德 Leukerbad

瑞士西南邊的洛伊克巴德，位於瓦萊州側谷中，每日可湧出共計 390 萬升的溫泉水，是瑞士的水療保健重要基地，有許多慕名前往的外國旅客。本頁的官方照片是夏冬兩季的戶外泡溫泉情況。

左：下雨天，許多旅客都轉移到溫泉中心，水上滑梯區應該是小孩子最愛玩的一區。

右：大部分區域都可挑望景色優美的山景。（官方照片）

下面三張是「男女裸體混浴桑拿區」，實際情況男女都是裸體，各個空間的光線會比較昏暗及柔和。中間照片為休息空間，Jackman 很喜歡，還在裡面小睡片刻。（官方照片）

拋棄式手腕貼紙門票記錄全部消費

那條拋棄式手腕貼紙門票，還有其他作用，因為在「桑拿區」還可點食物、飲料及接受按摩等等服務，這具有電子感應器的手腕貼紙會記錄全部消費，離開時職員會透過它來發出帳單。此外，如果你有興趣去熱鬧好玩的泳池及水上滑梯區，亦可透過它穿過閘口走到另一邊，桑拿區與游泳及水上滑梯區的共同門票為 37.5 瑞郎，可以不限次數來回兩區。

懷著戰戰競競的心情走進「裸體桑拿區」

「男女混浴桑拿區」之內還有「男女裸體混浴桑拿區」，男女全裸一起享用桑拿也是瑞士人的生活習慣之一，肩負進入「男女裸體混浴桑拿區」體驗只有 JACKMAN。

Naked Zone

首先，「男女裸體混浴桑拿區」門外掛有牌子，寫著「NAKED ZONE」，提示裡面不可穿泳衣。門後就是一個共用的更衣空間，光線不算昏暗，四邊牆壁有一個個小小的保險櫃，無論男女都很自然地脫衣或是穿上衣服。

這裡的桑拿設備跟外面大致一樣，同樣有蒸氣室、熱烘室、泡澡池及休息室等等，不過每一區的光線比較昏暗，還播放著柔和的大自然音樂。洗三溫暖的步驟是沖澡後，先去蒸氣室（浴巾掛在門外），離開時以水柱沖洗自己坐過的位置。進入熱烘室則必須帶著毛巾鋪坐，以避免身體與木材直接接觸。每次更換蒸氣室和熱烘室之間都要淋浴沖洗身體。

用毛巾圍住自己反而引人側目

熱烘室裡面發生小插曲，一對白皮膚金頭髮的年輕男女（大概是遊客）沒有遵守規定，使用毛巾圍住自己，在全裸的環境裡反而很引人側目。隔了一陣子，一位穿著制服的男職員竟然出現，跟他們輕輕細語後，他們便快步離開了。不用猜也明白發生什麼事，最令我感到好奇就是職員如何得知他們沒有遵守裸體規定呢？這裡又沒有監視器，還真是一個難解的謎呀！

返璞歸真的微妙感覺

初次體驗的感受，頗有返璞歸真的微妙感覺，男女老少都坦誠相見，每個人相處都非常自然，沒有人大驚小怪四處亂看，大部分時間 JACKMAN 都十分享受。

上：溫泉中心的外觀。（官方照片）
中：溫泉中心的餐廳設於外面，不用進場也可使用。
下：我們點了一分漢堡，漢堡排厚又多汁，意想不到的美味！

Ovaverva：www.ovaverva.ch
洛伊克巴德旅遊局：
www.leukerbad.ch

逛超市買菜做飯給自己吃

雖說到外地旅行最好盡量品嚐當地食物，不過連續多天從早到晚都吃著起司、火腿、馬鈴薯、麵包、義大利麵、漢堡等，想必一定吃到很膩。

在瑞士超市購得的多種泡麵成為重要補給品

COOP 和 MIGROS 超市有販售泡麵，而且種類愈來愈多，韓國的「辛拉麵」在上次旅程中最常看見，這次驚喜地發現出前一丁，還有原味、牛肉味等幾款。

瑞士超市的泡麵自然成為旅客的重點補給品，一般每包大約為 1.2 瑞郎，杯麵則要 2 瑞郎以上。當你人在外地時，千萬別拿自己家附近超市的泡麵價錢來比較！

白米飯才是我倆最懷念的食物

回想過去的歐遊經驗，對西式食物吃到最膩的一刻時，我倆最懷念的食物就是白飯。在非常非常想念家的時候，白米飯才是能真正安撫自己的胃及心靈的食物。

不需要冷藏，直接放進旅行箱便可以

從網路上得知有人會帶備一點點米，我沒有探究到底如何把白米煮熟，只是關心每天健行多個小時，身體一定極累，如果不在外面吃的話，最好在房間裡只需很短時間就能做好一頓令人滿足的晚餐。因此，出發前便買了一些日式微波白飯，無需冷藏，直接放進行李箱即可。

將日式微波白飯直接放在洗手檯，隔水加熱至少 5 分鐘，便可以打開來吃。

近年來，隨著到歐洲旅行的亞洲旅客越來越多，瑞士超市賣的泡麵和杯麵款式也越來越多。

快速做好一頓以白米飯為主角的豐盛晚餐

　　如有微波爐便可輕易解決加熱的問題，可是沒有微波爐的話，「熱水」便是關鍵。大部分歐洲的旅館都沒有提供電熱水壺，旅館房間裡洗手設備的熱水溫度，就足以把微波白飯加熱，隔水加熱至少 5 分鐘即可，實際上還需視熱水溫度而定。這方法在出發前已在家中測試過。

吃到微熱的白米飯已經很感動

　　當然，不要指望這樣加熱方法會像魔法一樣，做出熱騰騰的美食效果，但如此簡單便可吃到微熱的白米飯已讓人非常感動了！如此一來，再加上在超市買到只需洗一洗便可吃的蔬菜、水果、還有 RIVELLA（瑞士國民飲料）、烤雞等，就可以輕輕鬆鬆做好一頓以白米飯為主角的豐盛晚餐。

全部食物都在超市買到，再加上兩盒白米飯，簡簡單單便可以開始吃囉！

Travel Note

不可攜帶肉類入境

溫馨提示：旅客禁止攜帶肉類進入瑞士，幾乎任何含有肉類的食品、罐頭、泡麵等，無論成份多少都是不容許的，千萬不要放進行李箱內！

COOP 和 Migros 超市均有賣烤雞和烤雞腿，左圖是半隻烤雞，價錢為 12.95 瑞郎，右邊是烤雞腿，3.5 瑞郎。

在聖莫里茲，我們是住在 ST. MORITZ BAD 區的 HOTEL PIZ ST. MORITZ，這區的旅館房價較為平易近人。旅館座落於大街上，從火車站搭乘巴士過去約十多分鐘，巴士站就在門口；其地理賣點還包括幾分鐘可走到聖莫里茲湖，以及附近有大型 COOP 超市，同樣只需步行幾分鐘，超級方便。

坐在附有完整煮食設備的房間

旅館提供多種雙人房及家庭房，至於 18 平方公尺的雙人房（含早餐），價錢為 170 瑞郎（不退款）。讓人驚喜的是旅館將我們的房間升等，房間空間更大、兩面的陽台外，還有煮食設備及餐具，可以開火煮食，也可以使用微波爐。

一邊用餐一邊看著窗外景色

完整的煮食設備讓我們改變主意，於是天天到超市買一大堆東西回來自己動手煮來吃，曾買過兩包超級厚的豬排，每包都有兩大片，價錢為 8 至 10 瑞郎；另外，竟然買到配有菜式的飯盒，大約 5 至 7 瑞郎，真是意外驚喜。廚房區有小餐桌，我們每晚就坐在陽台旁，一邊用餐一邊看著窗外景色，完美！

左是設備齊全的廚房，右是臥房及浴室。

上左：印度式咖哩雞肉飯盒，價錢為 7 瑞郎左右。
上右：更方便的吃法，就是在超市買烤雞腿，配上各式蔬菜，加熱一下便可以享用！
中：我們買過兩包不同的豬排，右邊還有半價優惠，原價為 20 瑞郎，現只需 9 瑞郎左右。（可食用日期還有很長的時間）
下：每款小包蔬菜，只需 2 至 3 瑞郎左右。

Hotel Piz St. Moritz　網站：piz-stmoritz.ch

· CHAPTER ·

5

Saas-Fee

薩斯斐

Saas-Fee
薩斯斐

被 13 座四千公尺以上雪峰所環抱的高山小鎮

阿拉林峰
（**Allalinhorn**，4027 公尺）

薩斯斐，是我們心儀許久的地方。這地方名字早在上一回規劃旅程時已出現，可惜因為各種原因而忍痛刪除，因此這次規劃時，薩斯斐是最早一處確定必去不可的地方。

策馬特的鄰居

海拔 1800 公尺的薩斯斐（SAAS-FEE）在哪裡？就在瑞士南邊的薩斯山谷（SAAS VALLEY 或 SAASTEL），屬於瓦萊州（VALAIS），再說明清楚一點，它就是策馬特（ZERMATT）的鄰居，相隔一排群山。

環保山中小鎮

人們常拿薩斯斐與策馬特比較，兩者的共通點就是，小鎮規模都不大，以散步方式遊覽整個鎮也是相當輕鬆之事，而且兩地都只容許電動車在鎮上行駛，因此空氣特別清新。

還有，在瑞士夏季中只有兩個地方可以滑雪，就是這兩處，薩斯斐的米特爾阿拉林（MITTELALLALIN），不管是夏天或冬天，都是滑雪愛好者的朝聖地！

Travel Note

薩斯菲、薩斯費、薩斯斐

Saas-Fee 的以前中文譯名多稱為「薩斯菲或薩斯費」，現時官方統一使用「薩斯斐」，據熟悉中國文化的當地旅遊局代表 Fabian Zurbriggen 跟我們分享，選用「薩費斐」他也有參與表達意見，只因「斐」更顯得有味道、更優雅。

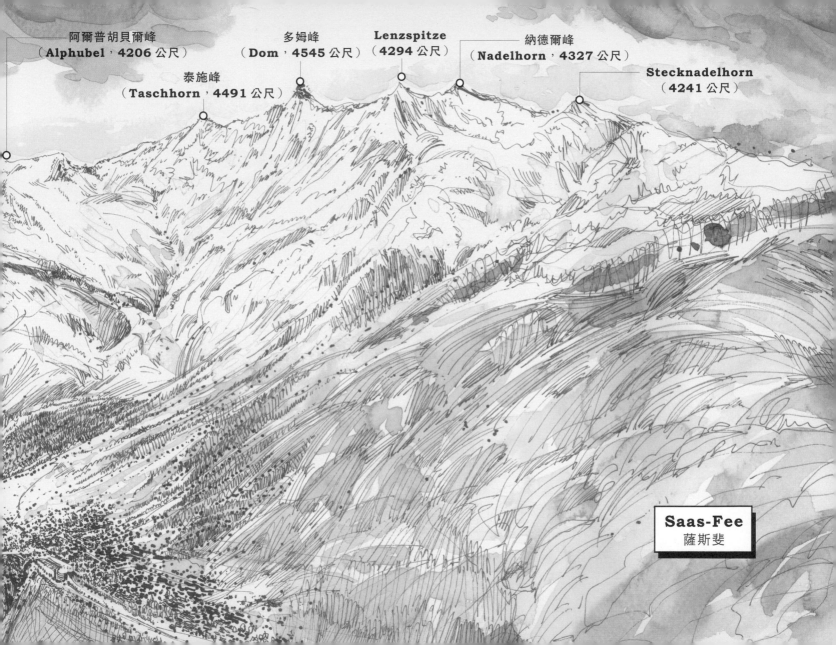

阿爾普胡貝爾峰
（Alphubel，4206 公尺）

泰施峰
（Taschhorn，4491 公尺）

多姆峰
（Dom，4545 公尺）

Lenzspitze
（4294 公尺）

納德爾峰
（Nadelhorn，4327 公尺）

Stecknadelhorn
（4241 公尺）

Saas-Fee
薩斯斐

在策馬特度過特別多的難忘時光

策馬特因為世界名峰馬特洪峰（MATTERHORN）而成為全球旅客的焦點，商業色彩自然濃厚許多，雖然位於深山之中卻有火車直達，而且更有冰河列車（GLACIER EXPRESS），無論在山上各觀景台或鎮上都可以盡情地欣賞到馬特洪峰，我們曾在那小鎮上渡過特別多的難忘時光。

在菲斯普站搭乘郵政巴士往深山裡

另一邊的薩斯斐，則是沒有火車直達，除了自駕旅遊，旅客需要坐火車在菲斯普站（VISP）下車，再換乘 511 號郵政巴士，這巴士是進入小鎮唯一的大眾交通方式。這裡也是總站，比較多旅客會選擇在此處上車，表面上交通不甚便利，但其實巴士班次密集，車程亦只需一小時。

巴士離開車站不久便進入薩斯山谷，在蜿蜒狹隘的山路上行駛，不曉得繞了多少個大彎道，當一大片白皚皚的險峻山峰出現，便知道目的地將到。

Travel Note

來往薩斯斐與策馬特的交通

既然薩斯斐與策馬特是鄰居，許多旅客也會接連遊覽兩地，交通安排如下：假設先在薩斯斐遊玩，離開時搭 511 號巴士，在後半段的 Stalden-Saas 車站下車，那裡可搭上往策馬特的火車，並且不用坐到最後，在菲斯普站再換火車去策馬特，這樣比較省時。全程接近兩小時，其中在 Stalden-Saas 車站等候火車，需約 25 分鐘。

相反地，先策馬特後薩斯斐的話，在菲斯普站搭 511 號巴士較好，因那裡是總站，而且往薩斯斐的旅客也不少，容易坐滿旅客，會比在 Stalden-Saas 車站上車更方便。詳情可在 www.sbb.ch 查看班次。

1. 菲斯普站（Visp）　2.Stalden-Saas 車站
3. 薩斯巴倫（Saas Balen）　4. 薩斯格隆德（Saas-Grund）
5. 薩斯斐（Saas-Fee）　6. 薩斯阿馬格爾（Saas Almagell）
7. 策馬特（Zermatt）

左上：511 號郵政巴士是往薩斯斐的主要交通工具，巴士後方連著放置行李及滑雪用具的專車。

右上：薩斯斐的郵政巴士站，右下方是行走鎮內的小型電動車，是接載旅客及行李。

左下：薩斯斐旅客中心，面向著郵政巴士站。　　右下：來往薩斯山谷的四個小鎮也是依靠郵政巴士。

泰施峰
（**Taschhorn**，**4491** 公尺）

多姆峰
（**Dom**，**4545** 公尺）

遺世獨立的高山小鎮

　　果然，比起熱鬧滾滾的策馬特，這裡真是寧靜多了，沒有名店也沒有太多商業色彩（放心，還是有兩大超市分店），只見放慢步調的一群群旅客散聚各處。

　　小鎮也有熱鬧的一面，逗留期間剛好遇上一連幾天的夏天嘉年華會，大街上擺滿美食及精品攤位，當地人和旅客一起投入愉快的購物氣氛中。

13 座四千公尺以上的雪山

　　薩斯斐雖然沒有像外形獨特的馬特洪峰坐鎮，但也有氣勢磅礴的 13 座四千公尺以上雪山以及多條冰川組成的景色。整個瑞士共有 40 多座四千公尺以上的山峰，分佈在三個州，而薩斯斐所屬的瓦萊州便擁有 22 座，當中 13 座便高度集中於薩斯斐，還包含瑞士境內最高峰 4545 公尺的多姆峰（Dom），結合種種因素，造就這處成為一處遺世而獨立、雲集瑞士最高群山的地方。

在薩斯斐鎮上能觀賞到這十三座雪峰嗎？

　　那 13 座四千尺雪峰的位置可分為兩個區域，後面會詳細分析，許多人都關心在鎮上能觀賞到它們嗎？

　　是的，在鎮上散步時或旅館陽台上，就能夠觀看到大部分，當然登上山頭的觀景台更能近距離一睹它們的風采！

薩斯山谷四個小鎮

　　薩斯山谷共有四個小鎮，薩斯巴倫（SAAS BALEN）、薩斯格隆德（SAAS-GRUND）、薩斯阿馬格爾（SAAS ALMAGELL）及薩斯斐（SAAS-FEE），都是透過郵政巴士往來；考慮景點、住宿及交通等主要因素，當以薩斯斐為最佳的據點。

當天下午五點多，我們在薩斯斐下車，當地旅遊局代表 FABIAN ZURBRIGGEN 已經在車站外等候。FABIAN 是薩費斐的土生土長居民，曾在中國及日本居住及工作多年，一口流利中文及日文，鍾愛中國文化及飲食，接下來這幾天我們的旅程及工作，多虧他的悉心安排。他先請旅館的電動車來接送我們的行李，這裡跟策馬特一樣，鎮上行駛的都是小型電動車輛，然後再散步進入村內。

住宿一晚可獲得公民通行證

與達佛斯（DAVOS）及聖莫里茲（ST. MORITZ）一樣，初到薩斯斐，提醒各位不管什麼時間抵達，一定要先到旅館辦理入住手續，領取公民通行證（CITIZEN'S PASS）再前往景點！只要入住一個晚上便可獲得，就能免費搭乘這四個鎮的郵政巴士及大部分登山交通工具（只有一段是半價）。至於 SWISS TRAVEL PASS，郵政巴士是免費，登山交通可享半價。

Travel Note

瑞士最高之山

瑞士境內最高是多姆峰（Dom，4545 公尺），而真正最高則是羅莎峰（Monte Rosa），也屬於此州，位於瑞士和義大利交界處，其中最高點是杜富爾峰（Dufourspitze，4633.9 公尺），也是整個阿爾卑斯山脈的第二高峰。

上：每天出外，記得把公民通行證放在錢包內。

下：我們與 Fabian Zurbriggen 的合照。

薩斯山谷及 13 座四千公尺雪峰的分佈

小鎮份佈

薩斯巴倫（1488 公尺）、薩斯格隆德（1599 公尺）及薩斯阿馬格爾（1673 公尺）這三小鎮位於薩斯山谷底部；高於前三者的薩斯斐（1800 公尺），屬於山谷中心地帶，最靠近那群四千公尺的雪峰。

四千公尺以上雪峰的分佈

這山谷主要有 13 座四千公尺以上的雪峰，分布在兩個區域。第一區域很廣大且最靠近薩斯斐，11 座山峰組成彎月形，並連同多座三千多公尺山峰與多條冰川環抱著小鎮，無與倫比的壯觀！

從右至左：1.Durrenhorn（4034 公尺）、2.Hohberghorn（4219 公尺）、3.Stecknadelhorn（4241 公尺）、4. 納德爾峰（Nadelhorn，4327 公尺）、5.Lenzspitze（4294 公尺）、6. 多姆峰（Dom，4545 公尺）、7. 泰施峰（Taschhorn，4491 公尺）、8. 阿爾普胡貝爾峰（Alphubel，4206 公尺）、9.Rimpfischhorn（4199 公尺）、10. 阿拉林峰（Allalinhorn，4027 公尺）及 11. 施塔爾峰（Strahlhorn，4190 公尺）。

第二區域位於山谷左邊，即靠近薩斯格隆德（Saas-Grund），分別是 12.Weissmies（4023 公尺）及 13.Lagginhorn（4010 公尺）。

五大觀景台路線

觀景台路線主要集中在薩斯斐，包括 A 至 C 線；薩斯格隆德有 D 線，E 線則位於薩斯阿馬格爾。我們行程會覆蓋 A 至 D 線。

A.Saas-fee － Felskinn（3000 公尺）－ Mittelallain（3500 公尺）

B.Saas-fee － Plattjen（2570 公尺）

C.Saas-fee － Hannig（2336 公尺）

D.Saas-Grund － Hohsaas（3200 公尺）

E.Saas-Almagell － Heidbodmen（2400 公尺）

第一次成功攻頂 │ 這 13 座雪峰全於 1854 至 1887 年之間，被人第一次成功登頂，多姆峰於 1858 年，最後被克服則是 Stecknadelhorn（4241 公尺）。

薩斯山區地圖

旅客可在纜車站內索取，或在 www.saas-fee.ch 下載。

A.是最高點的觀點台，就是在夏天也能滑雪的地方。Felskinn－Mittelallain（紅線）這段是全世界最高的地下列車，同時也是唯一走在冰河裡面的地鐵。

羅莎峰（Monte Rosa）

馬特洪峰（Matterhorn）

薩斯阿馬格爾（Saas Almagell，1673 公尺）

薩斯斐（Saas-Fee，1800 公尺）

薩斯格隆德（Saas-Grund，1599 公尺）

薩斯巴倫（Saas Balen，1488 公尺）

冰河村｜Saas-Fee 又稱為 Glacier village（冰川村），Fee 其實解作 Glacier，只因這群山之間總共有 27 條大大小小冰川，自山頂向山腳方向流淌而下，在地圖可找出接近 20 道冰河。（★代表冰川）

阿拉林峰
（**Allalinhorn**，4027 公尺）

Mittelallalin
米特爾阿拉林

罕為人知的極美之地

薩斯斐，被 13 座超過四千公尺的雪峰所環繞，自然成為得天獨厚的滑雪與健行聖地。雖然沒有像策馬特擁有馬特洪峰響亮名氣的庇蔭，也沒有冰河列車貫通，可帶進無數的觀光遊客，要前來就只有依靠郵政巴士，卻因此比別人多了份幽靜與祥和。

這條冰河小鎮，就像生長在潔淨阿爾卑斯群山山谷中的小白花（SWEET EDELWEISS OF ALPS），靜靜的散發只屬自己的淡淡幽香，呼喚著那群一心追求更多的旅人，能夠在熱門城鎮以外，遇見到罕為人知的極美之地。

阿爾普胡貝爾峰
（**Alphubel**，**4206** 公尺）

泰施峰
（**Taschhorn**，**4491** 公尺）

多姆峰
（**Dom**，**4545** 公尺）

Lenzspitze
（**4294** 公尺）

Saas-Fee
薩斯斐

第一間旅館：在陽台從早到晚欣賞迷人的群峰景色

　　我想即使多花一些錢、在其他方面省一省，也要找一間
有好景觀的房間，讓自己盡情地從早到晚欣賞到薩斯斐的群
峰環抱美景。

薩斯斐不大，從郵政巴士站下車，拉著行李走到教堂廣場只要十分鐘，而教堂廣場就是舉行小鎮大型活動的主要地方。這裡有一座外形突出的教堂塔樓，即使在小鎮外圍也能輕易觀望到；它稱作 HERZ-JESU CHURCH，建於 1963 年，堪稱小鎮地標，其前身是小鎮最早的教堂，在 1959 年因破舊而拆除，在原址興建了新塔樓。

在教堂廣場旁的鎮上第一間旅館

我們入住的 HOTEL THE DOM 就在教堂廣場旁，十分容易找到。這座五層高的旅館其實是小鎮的第一間旅館，於 1881 年開始營業，從旅館內擺放著的老照片、昔日旅館的傢俱及滑雪工具，多多少少都能讓入住的客人感受到往昔的小鎮風采！

舒適感十足的四星級旅館

雖說是鎮上最老的旅館，但從外至內一點也感受不到任何老舊味道，全因在 2012 年的大型重新裝橫，目前已是一座設備完善又舒適感十足的四星級旅館。

Hotel The Dom

網址 │ www.bergsteiger-pontresina.ch

三種雙人房間

房間有多種類別，全部都有陽台，雙人房間有三種：CLASSIC DOUBLE ROOM、SUPERIOR DOUBLE ROOM 及 DELUXE DOUBLE ROOM，分別是 22、26、32 平方公尺，後兩者享有同一方向的山景，就是觀看到 WEISSMIES 及 LAGGINHORN 這兩座四千公尺雪峰為主的景色，再配合一排排的小鎮房子景觀，便成為入住這旅館可觀賞到最美的景色了！

SUPERIOR DOUBLE ROOM 及 DELUXE DOUBLE ROOM 的分別，在於後者還額外提供浴缸，其他大致一樣，最後我們選擇了 SUPERIOR DOUBLE ROOM。價錢方面：三者分別是 149 、202、230 瑞郎（含早餐）。此外，更高級的房間，除了空間更大外，房外還包括桑拿設施，我想在嚴冬時在山上滑雪一整天後，然後足不出戶就在房內享受熱騰騰的桑拿，真是人生一大樂事！

高高的教堂塔樓，於小巷間拍攝。

Superior Double Room 以溫和色調為主，舒服！

旅館的正門。

房間的淋浴間與洗手間為分隔的設計。

我們的陽台。

旅館位於教堂廣場旁，很容易找到。

一排排依山坡而建的房子，組成充滿美感的畫面。

Lagginhorn
（4010 公尺）

Weissmies
（4023 公尺）

我們在陽台看到一座外形美觀的旅館，稱作 HOTEL DU GLACIER，是三星級，原來是 HOTEL THE DOM 的姊妹店，從我的角度來看，那邊旅客欣賞的景色也是相當不俗，也許下一回可轉移據點。

慵懶地躺在旅館的床上，輕易地掌握窗外雲彩與晨光的流動。

Mittelallalin
米特爾阿拉林

在濃濃的雲霧中展開神秘的雪地之行

在薩斯山谷的多條觀光線路中，以薩斯斐的米特爾阿拉林（MITTELALLALIN，3500 公尺）最為著名，因為那裡除了有夏、冬季都適宜的優良滑雪場外，還擁有三項傲人的世界紀錄：世界最高且唯一穿越冰河的地下鐵道（METRO ALPIN）、世界最大且位置最高的冰洞（EISPAVILLION）、以及世界最高的旋轉餐廳（3500 公尺），也因為這幾項世界之最，使得米特爾阿拉林之行更加有看頭。

第一段的登山交通

在前文登場的 FABIAN ZURBRIGGEN，因當天有其他工作，因此這次與我們同行的是另一位旅遊局代表 BRUNO SCHAUB，

阿爾卑斯快車纜車站。

帶備公民通行證。

第一段的纜車。

我們三人從旅客中心起行，橫過大橋前往另一邊山坡，稱為阿爾卑斯快車（ALPINE EXPRESS）的纜車站就在不遠之處。

登上山頂終站需搭兩段交通工具，第一段的纜車抵達費爾斯金（FELSKINN，3000 公尺），這部分的交通持有公民通行證（CITIZENS' PASS）可享免費，持 SWISS TRAVEL PASS 只有半價。在這車站外有一條「白藍白」的健行路線，我們下山時，就會走一回，那是另一段難忘的經歷。

第二段的登山交通

從費爾斯金到米特爾阿拉林的交通並非纜車，所搭乘的就是號稱為世界海拔最高的地下鐵道（METRO ALPIN）。之所以稱世界第一高，那是因為這段全程約 5 分鐘的路程，列車以每秒 10 公尺速度行駛，都是穿梭在海拔 3 千公尺以上的菲冰川（FEE GLACIER，德語 FEEGLETSCHER）裡面。此鐵道可說是阿爾卑斯高山的一部分，於 1984 年開通，隧道長度為 1749 公尺，兩站之間的高度差距為 476 公尺。

菲冰川源自多姆峰（DOM）與阿拉林峰（ALLALINHORN）之間，在 1973 年，長度為 5 公里，面積為 7.5 平方公里；到了 2005 年，長度退減至 4.7 公里。

Fee glacier
菲冰川

世界最高且唯一穿越冰河的地下鐵

列車在菲冰川裡面以每秒 10 公尺高速行駛，瞬間帶大家
抵達 3500 公尺的高地，抵達終站，下車後仔細觀察這
隧道出口的外壁，果然列車是在貨真價實的冰河之中穿
梭，讓人驚嘆此鐵道工程之鬼斧神工！

阿拉林峰
（**Allalinhorn**，4027公尺）

Mittelallalin
米特爾阿拉林

非常寬闊且長的滑雪道

　　終站的瞭望台建於米特爾阿拉林峰（MITTELALLALIN，3456 公尺），步出外面已經是一道非常寬闊且長的滑雪道，直指一座外形圓頭圓腦的山峰，那便是阿拉林峰（ALLALINHORN，4027 公尺），靠右邊再遠望一點便是由菲冰川形成 20 公里長的下坡道，每年夏天，尤其是旺季從七月初到八月底，滑雪愛好者在早上 7 點半就可以開始登上山盡情的滑雪。

由菲冰川形成 20 公里長的下坡道。

山峰全貌和滑雪道幾乎消失了

不過，前一段只是 BRUNO SCHAUB 的口述，因為當時山上的雲霧特別多，此時此刻阿拉林峰和整條滑雪道幾乎消失了，只見稀少零落的滑雪客從濃霧中緩緩走回來，計劃出外滑雪的人一個也沒有，我們唯有依靠手中地圖和他的說明，才勉強想出像藍天白雲時的廣闊畫面。

滑雪道上只見回來的滑雪客。　空無一人的觀景台，白茫茫一片。　山峰及滑雪道也消失了。

海拔最高的冰洞為你揭開千年不融的冰川秘密

雖然大部分人來此都是以滑雪為目的，但對於滑雪只能乾瞪眼的人來說，這裡的另外兩項世界第一真的要探訪。世界最大、海拔最高的冰洞（EISPAVILLION）就在觀景台的最下面，需要額外付 10 瑞郎的入場費。於是我們先把冰洞及吃午餐的安排提前，期望稍後濃霧會散去。

冰川常見於外露高山或極地陸地，鮮有機會走進冰川之內。少女峰觀景台其實也有讓人深入冰洞的地方，不過這處冰洞的空間更大，足有 5 千立方公尺，也是瑞士國內最早開啟，1984 年便已開幕。

旅客需要拾級而下、穿過 70 公尺長的冰川隧道，很難想像從這隧道直到最底層的空間，居然是從冰川開鑿出來，冰川隧道兩旁掛有代表冰川年份的牌子，最上面是 1988 年，越往下走，年份亦不斷的推前，每塊牌子也會配上當年的世界大事，例如左圖 1969 年牌子，是人類第一次成功登陸月球的那一年。

千年冰川之隧道

進入前，記得下載官方 App，可以即時瀏覽冰洞內的主要介紹，超有用！

鑽入最下面的冰洞，由腳底到頭頂，以及兩邊的冰壁，完完全全是千年冰川。

隨著年份不斷推前，便代表冰川的歲數不斷增加，年紀也愈老邁。不過，光是觀察或觸摸不同年代的冰川表面，我猜一般人無法辨識它們的差異，大概只有專家以及使用專業器材才能辨識出來。

西元 1 年的冰川冰塊

當看到「1」，配寫上 NACH CHRISTUS（德語），意思是耶穌基督誕生的那一年。摸著摸著這西元 1 年的冰川冰塊，心中有著無法形容的奇妙感覺，想著：原來眼前的這塊冰塊，已經超過 2 千年了，它就是在人類歷史上重要的那一年誕生！

冰洞內有不同走道，讓人們深入，展區包羅萬象，包括如何開鑿此冰洞的過程、如何在風雪中救難、冰河探險及冰雪的結構等，觀賞這些知性主題時，最好先下載官方 APP，因為為了減少對冰洞的影響，冰洞內並沒有提供完整的文字及照片介紹。最後還有一些造型可愛的冰雕作品，甚討小朋友歡心，配合著燈光效果亦頗具看頭。

人們可在四通八達的冰洞走道探索。

左：西元 1 年的冰川冰塊。
中：被冰封的昆蟲。
右：介紹如何在冰川中進行空中救難。

世界最高的 360 度旋轉餐廳

　　離開冰洞，我們來到世界最高的 360 度旋轉餐廳開開眼界，這是薩斯斐引以為傲的第三個世界之最。旋轉餐廳位處於 3500 公尺的高度，因此擁有最開闊的視野，天氣晴朗之時，旅客不需要變動座位就可觀賞到主要的阿拉林峰，以及多座阿爾卑斯山脈的高峰與冰川。

　　當我們快用完餐，雲霧稍稍吹開。藍天下，視野變得清晰，與一個多小時之前的灰沉沉景色完全不同，主角阿拉林峰在此刻終於露面，雖然未見其全貌，但已感到很幸運了，餐廳內外觀景台的旅客紛紛驚喜地拿起相機拍照！

只露出半邊的雪白山峰與滑雪道

　　我遠眺著那明亮的藍天，再望著只露出半邊已讓人滿足不已的雪白山峰與滑雪道景色，然後問著：BRUNO，我們可以往下面，在滑雪道走一走嗎？一小時便足夠。

　　他好像聽到一個奇怪的問題，笑一笑便說道：當然可以啊！

凝視一大片濃霧，想像著前方到底會是怎麼樣，熱血在頃刻間沸騰起來，我們在這充滿神秘氛圍的雪地上展開探索之行！

（左上方的藍色牌子是指示往阿拉林峰方向。）

在濃霧中前行又何妨！

於是馬上吃完桌上的美食，連同去洗手間都只花 5 分鐘，出乎意料地當我們踏在雪地上，雲霧在這短的時間內又回復，甚至變本加厲更加濃厚！

眼前是一片伸手不見五指的能見度極低狀況，不久前還見到半邊的阿拉林峰和滑雪道也完全消失了。不知為何熱血在瞬間沸騰，我跟 JACKMAN 對望一眼，他便面不改色地說：BRUNO，濃霧又何妨，我們健行去吧！

BRUNO 笑而不答地起行，我們就高高興興跟隨出發！

那只露半邊的滑雪道畫面還在腦海中，我們明瞭一開始其實是走在廣闊的雪道上，只是濃霧讓人看不到任何東西而已。不久便遇上一塊警示牌，上面有德語等多國語言，最下方是英文，寫著：「YOU ARE ENTERING A TOURING AREA, NO MARKED SKI RUNS(RUNS AND ROUTES)! DANGER OF ALPINE AREAS, IN PARTICULAR CREAVASSES, ICE AVALANCHES AND SUDDEN CHANGE OF WEATHER!」

重點是第二句：請特別注意此區域的危險性，尤其是冰川裂縫、突然其來的雪崩及天氣變化！

1. 走了一陣子，回頭一望，觀景台及幾輛紅色壓雪車也逐漸消失。2.Bruno 指出滑雪道被壓雪車壓過的地方變得結實。3. 除了我們，也有全副裝備的健行客，看來他們會走更長更深入的路。

4. 警示牌，最下方是英文說明。5. 滑雪道邊緣沒有被壓雪車壓過，所以特別鬆軟，一踩便馬上沉下去。

事實上，滑雪道比起一般的雪地好走許多，因為壓雪車每天都會壓過滑雪道，雪道的雪才變得結實，而且沒有凹凸不平，這樣才適合滑雪。

滑雪道的邊緣都有繩子圍著，安全圍繩以外會是什麼地方？JACKMAN 稍為走近，發現那裡的雪的密度很低、很鬆軟，就是那邊沒有被壓雪車壓過。即使輕輕踩下，雙腳便立刻深深地沉下去。

走過警示牌後，廣闊的滑雪道分成左右兩線，左邊是上坡道，滑雪客應該是從更高的位置滑下來然後回到觀景台，或是來一個大轉彎繞到右線。我們走右邊的路，依然是平平的滑雪道。這條滑雪道的右邊，繼續有安全圍繩，而左邊就是雪坡，我們一直深入，雪坡也變得愈高愈陡。

「突然其來的天氣變化」，是此刻的最佳寫照。
心裡想著說不定幾分鐘後，剛才在餐廳幸運遇見的藍天白雲很有可能會再度出現，我一邊走一邊期盼著。

阿拉林峰
（**Allalinhorn**，4027 公尺）

這時聽到 BRUNO 說著我們已經很接近阿拉林峰了，這一段的滑雪道是繞著阿拉林峰頂部下方而設計的。

久候的時刻

看看手錶，接近一小時的前進，太陽再度跑出來，高高地掛在我們頭頂上，耀眼又酷熱的陽光照射下來，更迫使我們不得不馬上脫下外套。

久候的時刻也來臨，雲霧微微散開，阿拉林峰的輪廓終在我們面前展露出來。

兩天後，在晴朗天氣下再出發

未能清清楚楚地看到米特爾阿拉林（MITTELALLALIN）周邊的全景實屬可惜，就在隔天後的清晨，我們從房間遠眺到山上的湛湛藍天，沒有一絲雲彩，再透過官方網頁觀看山上的即時影像，便知道機會勿失，順利成章再度上山。

迴然不同的感受，再度站在觀景台上，
終可一覽無遺地欣賞整個滑雪場的景色。

上雪陣不離父子兵

　　我們再次坐上纜車，擠滿了臉露興奮神情的滑雪客。車廂內有一位爸爸，從其裝備及舉止看來是滑雪能手，帶著四、五歲大的兒子，兩人都是用難度高的單滑雪板。看著這位爸爸一邊教導兒子如何整理裝備和塗上防曬乳，一邊輕聲地叮囑他，兒子又專心在聽，偶然點點頭，場面十分溫馨。

左：在纜車上遇見這對父子，看著他們的互動，真溫馨！右：他們都是使用單滑雪板，爸爸拉著兒子出發。

阿拉林峰
（**Allalinhorn**，4027公尺）

左：觀景台內部擠滿許多正在休息的滑雪高手，旺季期間滑雪場早上七點半便已開始，應該有不少人在那時候已上來滑雪。

中：工作人員駕著滑雪車來往雪道及觀景台之間。

右：每天壓雪車都會出動進行壓雪，務求使雪道的雪適合滑雪。

7 月中開始到第二年的 4 月下旬都可供滑雪

　　皇天不負苦心人，山上天氣真的很好，在滑雪道上滿佈許多正在飛快滑雪的人，來來回回地滑來滑去。米特爾阿拉林的雪季很長，12 月中到 4 月中是主要雪季，由觀景台擴展出去，擁有超過十條長短不一的滑雪道，初級、中級、高級道，野雪道等什麼都有，滑雪學校亦會提供專業的指導。

　　夏季滑雪場從 7 月中開始，從夏天經過秋天到冬天，大家可以一直滑雪，一年中只有 4 月中到 7 月中這 3 個月關閉。BRUNO 之前跟我們說過，略懂滑雪的滑雪客來試了這山上的雪道，回來都大呼過癮，有些高手甚至像玩 X GAME 般的厲害。

前天看不清的路與景色，這天看得清清楚楚。我們先前以為滑雪道是分成兩道，現在才發現是 A 至 D 四道，從左至右來看，最左邊真的是上行線道，不過 A 線道其實是玩雪區。而我們所走的其實是 C 線道，B 及 C 線道都是平緩的雪道，看起來是初級雪道。

五座 4 千公尺以上的雪峰

1. 阿拉林峰（Allalinhorn，4027 米）
2. 阿爾普胡貝爾峰（Alphubel，4206 公尺）
3. 泰施峰（Taschhorn，4491 公尺）
4. 多姆峰（Dom，4545 公尺）
5. Lenzspitze（4294 公尺）

在白色的遼闊世界裡衝出一片天

我們往外走之時，又遇見那對父子，小男孩咬著奶嘴，十分可愛，同時又臉露自信的踏著單滑雪板出發去也。

都說瑞士人自小就學習滑雪，我想像著，眼前這個子還很小的小男孩，不到十年後，在白色的遼闊世界裡，他到底會衝出怎麼樣的一片天呢？

五座 4 千公尺以上的雪峰

前面文章中提過，靠近薩斯斐這邊有 11 座 4 千公尺的雪峰，而在這觀景台便可以觀賞其中五座，右邊的三座都是尖尖的，瑞士國內最高之峰——多姆峰就是 4 號。

起濃霧時，我們走
過這塊警示牌。

B

C

E

D

充滿刺激感的直往下衝雪道

　　至於最右邊的 D 線道，難度就高很多了，是一道直往下衝的雪道。現
場觀察到的都是有經驗的滑雪客從這線道開始高速滑下去，抵達盡頭後再
繞到 C 線道，最後返回 D 線道的始點再衝下去，就這樣不斷嘗試和練習
這條充滿刺激感的下衝雪道。

　　我們小心慢慢地走，來到 C 和 D 線道的起點，也是雪坡的起點，前
天在濃霧中走過的路，如今終於揭開神秘面紗，一目了然。再繼續前行，
藍點就是折返的地方。

　　站在這處比較清晰且看得更遠，B 至 D 線雪道會一直伸展到菲冰川，
那裡就是 20 公里長長的下坡道，即是 E 線，只見密密麻麻的滑雪客在滑
動著，還會配備大、小跳台、U 型道、鐵杆、鐵箱等，夏天有許多國際滑
雪團隊便在那處進行集訓。

兩天的到訪，兩天落差極大的天氣，體驗到完全不同的氛圍及景色。

在籠罩著濃厚的雲霧下，於雪地上探索，倒是第一回，濃霧讓這裡變成充滿魅力的神秘地方，亦真亦幻。

往後的日子，每當想起這一天，不禁一問：我們真的在這片雪地上走了一回嗎？

Felskinn & Plattjen
費爾斯金與普拉蒂恩

一條涵蓋四條冰川的白藍白色健行路線

上一回在米特爾阿拉林（MITTELALLALIN）的濃霧及雪地小探險後，我們坐上穿梭在冰川裡面的列車下到費爾斯金（FELSKINN），並沒有立刻換上纜車繼續下山，反而走到外面，在冰雪上走了一趟白藍白色健行路線，是同一天裡的第二次雪地健行。

沒想到「FELSKINN」這個名字，竟然與數個地名串連一起，就成為這山區中一條著名健行路線，稱為馬特馬克冰川健行路線（MATTMARK GLACIER TRAIL），路線是「FELSKINN - EGGINERJOCH - BRITANNIAHÜTTE - MATTMARK」。這段可真是名副其實的冰川健行路線，全長 11 公里延伸擴展到四條冰川，並包括真正踏在冰川上橫渡的經驗。

布列塔尼亞小屋 Britanniahutte
在小屋附近有一段橫越亞拉琳冰川（Allalin Glacier）的健行路線。

在冰川邊緣上展開健行

先從「FELSKINN - EGGINERJOCH」說起，我們手上的官方地圖是夏天版本，發現費爾斯金纜車站外面是一大片白色區域，意指那裡是終年積雪的地帶。

其實從 3 千公尺的費爾斯金開始往上移的區域，都是由多條冰川組合而成，附近面積最大的自然是菲冰川（FEE GLACIER），旅客從纜車站步行出去只有一條路，就是沿著 CHESSJEN GLACIER 這冰川邊緣而行。

Chessjen Glacier

費爾斯金（**Felskinn**）

Chessjen Glacier

很快就進入冰雪地帶

此時，這一帶並沒有濃霧，能見度相對地高。步出纜車站外面，橫過提醒人們要小心冰川裂縫、雪崩等的警示牌後，基本上旅客很快就進入冰雪地帶。

冰川在頭頂的數十公尺之上

路線設於半山腰之處，一邊的山坡上面就是一大片 CHESSJEN GLACIER，這冰川沿斜坡向下滑，剛好流至旅客頭頂的數十公尺之上，極像隨時湧下來之勢，另一邊是沒有安全圍繩的山坡下方。

由於沒有任何東西阻礙視線，整條雪地之路旅客在健行路線初段已可一目了然。

左：費爾斯金纜車站。右：步道入口。

時間的深遠與大自然的力量

　　當走至中段，CHESSJEN GLACIER 尾段就是真正在你的頭頂上，可以十分明確觀看到冰川的厚度，仿似感受到時間的深遠與大自然的力量。上下兩幅相只相隔數分鐘，可看到瞬間的天氣變化。

隨處可見的冰川裂隙與冰洞，一直牽引著
我們的視線，引人遐想，很想探頭進去，
一窺神秘不測的冰川世界！

一想起要在冰川邊緣上健行，馬上聯想起我們在聖莫里茲的五小時冰川健行，這段雖然是白藍白色健行路線，其實比較輕鬆，也不用攀爬。

雪路都是依靠每天經過的旅客而累積形成

不過，一定要穿上防水防滑的高筒登山鞋，因為部分路段的雪會比較深，而且所謂雪路，事實上並不是真正的路，都是依靠每天經過的旅客們而累積形成，一旦下大雪，原本的雪路就被新雪完全覆蓋。因此這條雪路的雪是鬆軟，跟我們在米特爾阿拉林（Mittelallalin）所走的滑雪道當然有很大落差，安全重點是除了要穿高筒登山鞋外，還有千萬不要偏離雪路，沒有人走過的雪地一踩下去，隨時就會完全鬆軟跌下去。

離開冰川邊緣的範圍

昏昏沉沉的天空，走在冰川邊緣上，有一種蕭瑟蒼涼的氣氛。慢慢走，走了 30 分鐘我們走至一處沒有積雪的地方，剛好離開 Chessjen Glacier 冰川邊緣的範圍。這裡有一塊健行指標，指示著幾個目的地，全都是白藍白色的牌子，倒真是意料之外，突然感到這一帶的路段全變得特別艱難！

左：觀賞冰川裂隙或冰洞時，記住一件事，千萬不要走近，因為邊緣上的冰雪非常危險，隨時會不小心掉下去。 右：雪道都是依靠旅客一步一步走出來的。

我們來到叫作 EGGINER 的小山頭旁邊便停下來，折返前遠眺著前方的路，尋找著布列塔尼亞小屋，想像著這冰河健行之路，其餘的路程會遇上怎麼樣的難忘景色。

本頁照片中緩緩前進的健行者，應該都是從布列塔尼亞小屋那邊出發的，這段路的官方時間為 50 分鐘。

布列塔尼亞小屋
（**Britanniahutte**）

往 **Mattmark** 的方向

布列塔尼亞小屋
（**Britanniahutte**）

往 **Egginerjoch** 的方向

原本是一條關於三條冰川的健行路線

地圖寫著折返處的地名，稱為 EGGINERJOCH（2989 公尺），來自路邊的一座小小山頭，其名字為 EGGINER（3367 公尺）。那幾個白藍白色健行牌，需時最長的是「MONTE-MORO ITALIEN」，時間為 7 小時 15 分鐘，顧名思義是一條跨國之路，最終可抵達義大利。

另外兩個牌子是「BRITANNIAHUTTE」及「MATTMARK」，抵達前者需要 50 分鐘，再多走 3 小時，便抵達後者。這就是一開始提及的「FELSKINN - EGGINERJOCH - BRITANNIAHUTTE - MATTMARK」，四個地方連成一線，也就是馬特馬克冰川健行路線（MATTMARK GLACIER TRAIL）。

真正橫渡冰川的路段

這涵蓋了四條冰川的健行路線，全長 11 公里，所需時間為 4 小時以上，大部分都是白藍白色健行路線。「FELSKINN - EGGINERJOCH」這段是走在 CHESSJEN GLACIER 的邊緣，而在「BRITANNIAHUTTE - MATTMARK」便有一段會真正橫渡亞拉林冰川（ALLALIN GLACIER），到最後一段則能遠觀到 SCHWARZBERG GLACIER 的景色。

由於旅客需要橫渡或攀爬冰川，所以在 EGGINERJOCH，除了白藍白色的健行指標，還有一個也屬於白藍白色的健行指標，上面寫著四種語言來警示旅客，文字中有這樣一句：「PARTICULARLY DANGEROUS PATH WITH CLIMBING POINTS AND GLACIAL CROSSINGS」，「CLIMBING POINTS」及「GLACIAL CROSSINGS」這兩個關鍵詞明確地點出旅客有可能面對的艱難！

冰川健行遇見的布列塔尼亞小屋

最初由英國人出錢贊助興建的布列塔尼亞小屋，建於 1912 年，位於 CHESSJEN 和 HOHLAUB 兩道冰川之間，是在整條冰川健行路線途中，唯一可讓旅人好好休息及住宿的地方。旅館曾於 1929 年、1951 年和 1996 年擴建，目前是一座現代化的山間小屋，內部有一個寬敞的入口大廳，三個用餐區和現代衛生設施，提供 134 個舒適的睡覺床位，所有的床都有羽絨被，枕頭和床單。此山間旅館十分受歡迎，自 1980 年以來，每年的住宿人數多達 8500 人。

左：全都是白藍白色的健行指標。中：一看便知道這也屬於白藍白色的健行指標，警示旅客需要特別小心，因為有些路是需要攀爬或橫過冰川。右：照片中左方的小山便是 Egginer，我們從這裡折返。

多姆峰
（Dom，4545 公尺）

泰施峰
（Taschhorn，4491 公尺）

費爾斯金
（Felskinn）

前往普拉蒂恩

因為時間的關係，我們只走了「FELSKINN - EGGINERJOCH」，旅客除了可以繼續前行到布列塔尼亞小屋，第二個選擇是走到另一個觀景台，那就是普拉蒂恩（PLATTJEN）。普拉蒂恩是薩斯斐鎮的三個觀景台之一，全程約 2 個多小時。

我們選擇了一般大眾的走法，就在隔天後坐纜車前往普拉蒂恩，纜車站位於登上米特爾阿拉林的纜車站附近。這山頭高 2570 公尺，三面環山，可欣賞到以多姆峰為主的群峰及冰川景色。

近在咫尺的群峰景色

說得更準確一點，普拉蒂恩或鎮上第三個觀景台哈尼克（HANNIG），都是 2 千多尺的觀景台，如果想觀賞到近在咫尺的群峰及冰川壯麗景色，那就是這兩處了！

1. 哈尼克觀景台後方，有人在愜意地休息，有人展開健行。
2. 觀景台餐廳是理想的賞景所在，欣賞到的群峰景色十分壯觀。
3. 比起小鎮上，這裡的位置更高，一切都看得更清楚，冰川彷彿在流動著。
4. 哈尼克的纜車站及觀景台。
5. 除了欣賞到雪峰景色，另一邊是遼闊的山谷景色，令人心曠神怡。

這段路是在冰川上橫渡的。

我們走 1 到 2 的路線，來回約 1 小時。

在菲冰川裡行駛的列車。

馬特馬克冰川健行路線
（Mattmark Glacier Trail）

地點：

1.Felskinn 2.Egginerjoch 3.Britanniahutte 4.Mattmark 5.Mattmark Stausee 6.Plattjen 7.Hannig

冰川：

A.Fee Glacier B.Chessjen Glacier C.Allalin Glacier D.Hohlaub Glacier E.Schwarzberg Glacier

薩斯斐的秘密後花園 真正零距離的撫摸到可愛的土撥鼠

當地居民的靜謐生活有著如仙境般的群峰與冰河景色為伴，只要深入小鎮，穿過一座座房子後，就是人煙罕至的一大片草原，這裡就如巨星演唱會上最昂貴票價的座位一樣，比起在小鎮內，能更靠近觀賞到壯觀景色，正是薩斯斐鎮吸引旅人的隱藏魅力。

最接近群峰山腳下的大草原

大多數旅人都只留在鎮內或聚焦於登上各個山頭，反而錯過了這段從郵政巴士站走到村尾只需 10 多分鐘，就能輕鬆來到最接近群峰山腳下的大草原。

躺在草地上觀賞到整個小鎮的景色

相當廣闊的草原上，隨意挑選一塊，自在愜意地躺在青草上，我們一邊充分享受瑞士盛夏的日光浴，一邊仰望著美景；同時不忘回頭看看，想拉遠一點觀賞到整個小鎮的景觀，非這不可，這裡稱得上「薩斯斐的秘密後花園」。

討人喜歡又不害羞的薩斯山谷土撥鼠

發現這秘密後花園，也不是偶然，我們得到 FABIAN ZURBRIGGEN 的建議，先後來過這裡三次，觀景之外，最主要就是探訪可愛的土撥鼠。阿爾卑斯山區裡的動物群中，毛茸茸、胖胖的土撥鼠應該是許多人心中最喜歡的第一、二位吧。

瑞士多處山區都住有一群群的土撥鼠，通常都很怕人，只有小部分一點也不害羞、反而喜歡與人接觸，而薩斯山谷的土撥鼠就是後者了，FABIAN ZURBRIGGEN 笑著推薦說：旅客看到牠們的成功率相當高！

土撥鼠聚居在這山坡上。

Saas-fee
薩斯斐

在這大片草原上，
想睡多久就多久吧！

從山頂流下來的冰川融水，
形成一道河流

在秘密後花園的角落裡，
很感恩地遇上這幅異常亮麗的冰川畫面。

官方地圖推薦了幾處可看到土撥鼠的地方

瑞士各地的官方地圖，都會標示健行路線的特色之處，如可看湖泊、高山植物及羚羊等等，而薩斯山谷的地圖上，便有幾處是推薦遊人可探訪到土撥鼠。稍後介紹的 HANNIG 觀景台，我們也在那裡遇見了土撥鼠，不過其洞穴卻是在山崖邊緣下方的十多公尺處，而且我們還被一道圍欄相隔，真是可望不可即！

村後方的一道平緩的山坡

薩斯斐的秘密後花園，才是我們真正的推薦，才是真正能讓大家零距離接觸到這群可愛的土撥鼠！一大片草原右方有一道平緩的山坡，稱作 STAFEWALD，那裡便有幾處土撥鼠居住的地方。

探訪時間定在下午

　　想沒有難度地成功接觸牠們，記得三項當地人分享的要訣，第一是探訪時間要在中午以後，高山地區早上的氣溫還是很冷，所以牠們還在洞穴裡睡覺。我們第一次探訪牠們在早上 9 點多，苦候了大半小時也不見牠們的踪影。幸好同一天下午，當我們在 FELSKINN 走完了白藍白色路線後，下午 4 點多再來，便輕鬆成功了！

土撥鼠最愛吃花生或胡蘿蔔

　　第二要訣，準備適合食物來吸引牠們，花生或胡蘿蔔是最佳的選擇，在鎮內的超市都可買到，我們便買了一包只要 2.95 瑞郎的花生。一包包花生都放在超市入口處，我想銷售對象就是專門餵土撥鼠的旅客了吧！還有，千萬不要餵其他東西，尤其是糖果或甜食，這會大大損害牠們的健康！

只要贏得牠們的信任，土撥鼠就會主動親近，真的零距離接觸，太可愛了！

一家四口的土撥鼠在排隊吃花生。

來到薩斯斐的朋友，可千萬別錯過這個好機會，這裡的土撥鼠很喜歡與人接觸，牠們胖胖的樣子一定會逗得大家開心的不得了！

牠們在親親啊！

超高與，輕輕地撫摸到牠們！

第三，在洞穴外坐下或蹲下，靜靜、耐心地等候，並把花生放在洞口以吸引牠們出來。我們第二及第三回的探訪都在下午，極為幸運，不久便見牠們鑽出來；這時候千萬不要興奮地哇哇大叫，畢竟牠們膽小，務必繼續保持溫柔的動作，手上花生可緩緩往前移，如果牠對你一見鍾情，完全放下戒心，你就超幸福，牠們自然會讓你撫摸，甚至主動靠在你身上！

土撥鼠的天性，就是在整個冬天都會躲在自己洞穴進入完全睡眠的狀況，只有在夏天才跑出來，所以每年 5 至 9 月期間來到這冰河小鎮，除了登山滑雪和健行，記得前來探訪，來一趟與可愛土撥鼠互動的難忘之旅！

Hannig
哈尼克

再遇土撥鼠與活化逐漸沒落的高山農場

哈尼克位於薩斯斐鎮靠右邊的群山之上，而上一篇介紹過的普拉蒂恩（PLATTJEN）則坐落於小鎮靠左邊的群山一角，幾乎是互相對望；因此在哈尼克可觀看到左邊的群山及冰川景色，而普拉蒂恩則能夠欣賞到靠右邊的景色，也基於地理的優越關係，兩處同樣能讓旅客享受到宛如觸手可及的雪白世界。如此一來，這兩處加上米特爾阿拉林（MITTELALLALIN），薩斯斐的三個主要觀景台我們都順利且完整地走了一趟，收穫豐盛。

哈尼克登山纜車。　　　　土撥鼠的資料牌。

一被問起土撥鼠，便興奮地說個不停

這天再度與我們同行的 FABIAN 問起：「你們成功了嗎？」一旦聊起土撥鼠，大家立刻興奮地說個不停，能零距離接觸土撥鼠真是快樂的難得經驗啊！

FABIAN 笑一笑說：薩斯斐的土撥鼠雖然是野生，只要用對方法，他們會很願意與人類接觸，哈尼克觀景台下方的山坡，也住了一群土撥鼠，說不定今天也可以看到他們！

閱讀土撥鼠資料牌

果然到了觀景台，我們一探頭向下望便見到兩隻土撥鼠，他們似乎也與我們對望著。大概是山崖邊緣架起了柵欄，人們只能

夠在上面遙望著他們，所以他們不用擔心被人騷擾，因而變得更自在。輕輕拋了一些花生給他們，又閱讀了旁邊的土撥鼠資料牌，了解他們更多後，揮揮手說再見，我們才不捨地起行。

> **Travel Note**
>
> ### 土撥鼠（Marmots）小故事
>
> 土撥鼠是群居動物，大約 20 隻聚在一起生活，一般的土撥鼠壽命為 12 年。母土撥鼠的懷孕期為 5 週，每次會生產 2 至 6 隻小土撥鼠，最普遍是 4 隻，每隻約 30 公克重。初生的土撥鼠沒有毛，一週後會生長，約第 24 天會睜開雙眼，第一次離開洞穴則在第 40 天，那時候大約為 240 公克重，亦會開始進食蔬菜。
>
> 土撥鼠的冬眠在每年 4 月、5 月結束，他們會離開洞穴，這時候進入交配期，約兩週。每年 10 月至次年 4 月為他們的休眠期，他們會用石塊、草等封閉洞穴，洞穴大約有 2 公尺深。

雖然我們跟可愛的土撥鼠相隔遙遠，能夠在離開
這冰河小鎮前再見到牠們，依然開心！

阿爾普胡貝爾峰
（**Alphubel**，4206 公尺）

哈尼克觀景台及健行路線以家庭旅客為主。這時候餐廳（上）坐滿了很多一家大小的旅客；旁邊設有遊樂及兒童攀爬設施（左下），小孩們玩得不亦樂乎。最讓人驚喜的是，還有幾隻羚羊（右下）在遊樂場內散步或躺著，小朋友靜靜地坐在旁邊，輕柔地撫摸著牠。

Chessjen Glacier

費爾斯金
（**Felskinn**）

阿拉林峰
（**Allalinhorn**，4027公尺）

菲冰川
（**Fee Glacier**）

這裡和普拉蒂恩一樣，步行下山都是繞著之字路輕鬆行走，雖說持有 Citizens' Pass 可免費搭乘纜車，不過除非有原因非坐纜車不可，我寧願花一個多小時慢慢走回小鎮，這樣才能充份體驗到瑞士高山之美。

前半段是走在沒有高樹的山坡上，雪峰與冰川組成的美景就在咫尺之間，不妨放慢腳步，讓觀賞壯麗景色的時光不要流逝得這麼快，天曉得何年何月有機會再來。

景色開始轉換，步道進入高樹範圍，與遠處的一片閃耀的冰河景色，組成另一幅美麗構圖，動人景色背後，原來藏著令人擔憂又無奈的事實

薩斯山谷的樹線在不斷上移

我們沿著一排排高高的樹慢步，正要開口讚嘆樹木的繁密茂盛，FABIAN 指著它們說，以前人們對保護樹木的意識不高，很多居民愛砍樹來建房屋，後來才明白雪崩發生時，樹木能夠發揮「救命」作用，因此現在禁止私自砍樹，政府還有計劃地廣泛種植樹木。接著，他停了一下，有點無奈地說，這山谷的樹線目前是 1 千 8 百多公尺，其實早已因為暖化問題而上移了許多，說罷便前行。

樹線的說明

關於樹線再補充一下，樹線又稱林木線，英文為 TREE LINE，是指分隔植物因氣候、環境等因素而能否生長的界線。在該線以內，植物是如常生長；然而一旦逾越該線，大部份植物都會因風力、水源、土壤或其他氣候因素而無法生長。瑞士的林木線，平均為 2200 公尺，台灣的玉山則是 3600 公尺，世界最高的樹線為 5200 公尺，位於薩哈馬火山。

左：這裡是是牧羊的地方，需要通過閘口。
右：閘口掛有牌子，提示人們記得關好閘口，以免山羊走失。

左：原本是廢棄的農舍，現在已被活化。
右：門口的山羊圖案牌，歡迎大家入內參觀和選購。

從快要沒落活化成受歡迎的高山農場

小小的山頭上有一座農舍木屋，掛在柵欄的木牌上有山羊圖案，一看便知道這裡是牧養山羊及製造羊奶製品的地方。正巧房子外面有一位高高的男人（右下）在工作中，起初以為他是這裡的主人，誰知一聊下去，我們才對這山頭認識更多更深入，上了寶貴的一課。

原來哈尼克（HANNIG）的一些高山牧場在 1950 年以後，面對著嚴峻的經營條件，牛隻數量開始下降，直至 1980 年代，只剩下兩、三隻牛。幸好經過多年來的辛苦轉型，終於在 2003 年開始轉型成功，一項結合旅遊業及畜牧發展的活化計劃誕生，由一對來自伯恩（BERN）的獸醫夫婦 SUSANNE 和 KURT PFISTER 發起及推動，並得到薩斯斐鎮的支持。

高山團隊之一，來自德國，原本從事銀行工作，現於這座高山農場「享受工作假期（Working Hoilday）」。

兩間廢棄的農舍

計劃的第一步是將兩間廢棄農舍重新改造，建立成一座設備完善的高山農場，稱為 ALPE HANNIG SAAS FEE，我們身處的就是其中一間，主要用作生產乳製品、製作奶酪及員工住所，另一間在附近，距離一百公尺，就是給山羊居住及擠奶地方。

初夏時將山羊從遠處運送到此山區

目前牧場內有 70 多隻不同品種可供奶的山羊，都是來自伯恩、其他瑞士城市以及更遠的德國柏林；每年 6 月下旬，牠們就會坐著運輸專車來到薩斯斐，一直被牧養至 9 月底才回家。

負責牧養山羊、擠奶、製作各種羊奶製品及銷售等工作的人，都是從小鎮以外或國外聘請回來，就是透過工作假期（WORKING HOILDAY）讓年輕一輩學習高山農場的經營，並認識愛護大自然的重要性。與我們聊天的工作人員，是原本任職銀行的德國人，另外還有一對年輕瑞士夫婦正在另一間農舍工作，他們三人合稱為高山團隊（ALPTEAM）。

每天為山羊擠奶兩次

高山團隊每天為山羊擠奶兩次，一大清早會先擠一次奶，然後讓山羊自由自在地在山坡上度過一整天，黃昏前又會再擠一次奶。最後，山羊回到設有圍欄的牧場內休息，如果天氣不好，就會趕回穀倉內。

除了山羊，還有其他成員

除了山羊外，他們還飼養了 10 多隻母雞和幾隻山豬，母雞每天生產的雞蛋，部分是留給工作人員食用，其餘的賣給遊客和居民；另外還飼養了兩隻驢，用來幫忙運乳製品到鎮上。

農舍內部，很多旅客都會買一些羊奶製品回去。

掛在牆上的照片，是冷藏奶酪存放的地方。

印有山羊圖案的紙袋，可愛！

他們飼養的母雞，在農舍裡走來走去。

跟我們聊完，又是擠羊奶的時候，他便提著兩個羊奶容器去工作了。

餐廳就在山崖邊，在戶外用餐區能觀賞到冰川美景。

　　喝羊奶很有益處，因其脂肪顆粒的體積小，更容易被人體消化和吸收，長期飲用也不容易出現發胖的情況。這裡所生產的羊奶製品製品很受歡迎，工作人員會在鎮裡擺設攤子或是賣給餐廳、旅館。還會提供製作奶酪、擠奶及照顧山羊的體驗，旅客中心與官方網站（www.alphannig.ch）都可查詢相關資料。

濃厚奶香、卻完全沒有羊羶味的優酪乳

　　我們買了一小瓶新鮮的芒果味優酪乳，價錢不到 3 瑞郎，保存期限為 10天。由於本身就很愛起司和奶酪，一邊健行，一邊忍不住品嚐起來，優酪乳中有酸香果肉，清爽不膩，質地不會太稠，奶香味非常濃厚，也沒有羊羶味。

景觀一流的山間餐廳

右：Alpenblcik。中：招待我們的婆婆，一手包辦全部工作。右：我們品嚐的新鮮優酪乳。

　　從農舍再走多一段路，便來到小餐廳 ALPENBLICK。小餐廳只提供一些簡餐、甜點及飲品，很適合走了一整天，想坐下來小憩一下、吃一些小吃的旅客。我們點了兩份水果派，由於分量充足便一起分享，再加上 3 杯飲料，只需30 瑞郎。年紀不算很大的婆婆熱情招待我們，看著她一手包辦招待、點單、準備食物飲料等工作，不禁猜想她是否就是住在這裡的主人呢？

不知不覺，銀光閃耀的景色已經落幕。我凝望著沒有一片雲彩的天際，感受到整個山區的氛圍變得格外寧靜和柔和。在淡淡的天色下，村民歸家，我們也回到小鎮。

Saas Valley
薩斯山谷

傳統木屋及博物館：來看當地人的傳統生活及智慧

小小的瑞士，官方語言便有 4 種，其中還包含多種方言，從地理角度來看，中部平原與高山區的文化、生活習慣、建築等又存在著極大的差異，因而形成瑞士各地的傳統各有獨特的精彩。與第二章的阿彭策爾鎮相比，這趟來到高山區的冰河小鎮裡，又會看到兩地生活是如何大相徑庭呢？

特殊建築法展現出傳統生活寫照

首先可從薩斯山谷的傳統房屋和糧倉（RACCARD）來認識，在郵政巴士站及旅客中心的對面，有 20 多座維護良好的傳統房屋群，其特殊的建築設計方式，能有效防止老鼠進入吃掉糧食。

這種特有的小木屋，多用作儲藏起司、乾肉、乾草及其他食物，主要出現在瑞士的瓦萊州，因此在策馬特（ZERMATT）亦有不少，此外在葡萄牙北部及義大利阿爾卑斯山區也可見蹤影。

結合實物與老照片的展示

薩斯博物館（SAASER MUSEUM）中，並沒有多媒體的展示或任何互動的體驗，只是結合了老照片與實物，採用最原始直接的展示方式，就已足夠讓旅人看到昔日村民最真實的一面，是不容錯過的好地方。

博物館就在鎮上的教堂廣場附近，這棟傳統木屋可追溯至1732 年，最初是神職人員的居所，後來在 1855 年加建了一層，最後在 1983 年後經過大規模整修，才變成現在的博物館，展示了山區內百多年來的歷史、獨特生活型態、過去的服裝、工具等等。入場費為 5 瑞郎，持 SWISS TRAVEL PASS 可免費入場。

左：薩斯博物館。中：1891 年的薩斯斐。右：1985 年的薩斯斐。

瑞士傳統建築展現前人的智慧

　　傳統的山區房舍都是全木造建築，以曬黑的落葉松木為主，由於冬天會下厚厚的雪，整座房舍都被高高抬起。

　　如何抬起木屋？就是其特殊的建築智慧？首先，接近地面的部分會以較大的石磚塊推疊 40 至 50 公分高，然後中間是較小面積的石柱，高度也差不多是 40 至 50 公分，最上面與房舍接合的一層，則疊上大塊的圓形石塊。

　　這樣的特殊建築法，主要功能並非像某些國家是為了預防淹水或毒蛇的侵害，而是為了阻隔老鼠。

到了夏天，老鼠會四處出沒尋找食物。據說牠們也能攀爬直立的柱子，但卻無法倒掛通過大面積且平滑的圓形石塊。而下面挑高的空間還可作為牛羊的棲息處。這種瑞士傳統建築的設計充分展現了他們前人的智慧。

左：放置了滿滿乾草的木屋
右：Bruno Schaub 示範老鼠無法倒掛通過圓形石塊。

1. 圓形石塊
2. 直立的石柱
3. 用石磚塊排疊起約 40 至 50 公分高

各種輔助的人力搬運工具

當車輛等非人力搬運機械還未普及時，在這處與世隔絕的山谷裡，人們在小鎮、牧場、或高山上都只能依靠雙手、肩膀、馬匹及輔助工具來搬運東西，博物館展示了多件特殊的輔助搬運工具，旅客從中能觀看到昔日人們過著怎麼樣的山區生活。

搬東西之外，當然也有人力抬轎，有錢人不需靠自己的雙腳走路上山。

依靠肩膀來搬運的輔助工具 左：小朋友在搬運木柴，實物展示就是他揹在背上的輔助工具。中：老婆婆也在搬運大型木箱。右：牧農在搬運大量的乾草，分量之多超出我們的想像。

左：搬運石塊的輔助工具。

右：馬匹絕對是搬運大量東西的好幫手，這幾隻馬運送的不是傢俱或食物，而是郵件及包裹，在未使用車輪運送的時代，就得依靠牠們了。

來自冰川的冰塊

在教堂廣場上豎立的神父 Johann Josef Imseng 銅像。

搬運冰塊

單純只觀看左邊的實物，可能無法猜出這木桶的作用。原來是居民需要登山前往冰川，將大塊的冰塊搬運下來，主要賣給旅館及餐廳來冷藏食物或製作冰淇淋。上面兩張照片中的人都是使用這種木桶，攝於 1939 年。

世上第一對滑雪雙板

發明滑雪雙板的人其實是鎮上的一位神父。話說 1849 年 12 月 20 日，Johann Josef Imseng 神父接到來自另一個村鎮的病危求救，情急之下，他想到將兩塊木板綁在鞋上，便直衝下山……就這樣世界上第一對滑雪雙板便誕生了。左圖是展館的早期滑雪雙板。

製作香腸的設備

香腸可說是瑞士人的主食之一，家家戶戶也有自己祖傳的製作方法，使用照片中的製腸設備來親手製作。

拉金霍恩
（**Lagginhorn**，**4010** 公尺）

韋斯密斯
（**Weissmies**，**4023** 公尺）

豪薩斯
（**Hohsaas**，**3142** 公尺）

Hohsaas
豪薩斯

在環形路線逐一探索薩斯山谷 18 座四千公尺高峰

　　薩斯山谷之旅的終站，是要去觀賞 18 座四千公尺以上的高峰。本章一開始就指出山谷主要有 13 座四千公尺的雪峰，分布在兩個區域。第一區域是靠近薩斯斐，11 座山峰組成彎月形；第二區域的兩座高山，是靠近薩斯格隆德（SAAS-GRUND），算一算，怎會是 18 座呢？

前往豪薩斯的交通

　　最後要造訪的觀景台豪薩斯，並不在薩斯斐，而是另一小鎮薩斯格隆德，每小時有一班郵政巴士從薩斯斐通往薩斯格隆德，車程約 10 分鐘，下車走一小段路就可登上纜車。

　　坐纜車上山時，會經過中繼站克魯伊茨伯登（KREUZBODEN），那裡有餐廳，同樣可觀賞到壯麗群山景色，還有一個小巧優雅的湖區，很多人在回程時，會在那裡享用午餐，本文末段會有介紹。

左：豪薩斯的纜車站。右：山上纜車站外的藍色牌子，寫上「18 Viertausender」，意思是 18 座四千公尺的山峰。

四千公尺山峰的專有名稱

　　山上纜車站外面有一座藍色牌子，除了寫上「HOHSAAS」，還寫上「18 VIERTAUSENDER」，「VIERTAUSENDER」為德語，是 4000 至 4999 公尺山峰的專有名稱，「18 VIERTAUSENDER」意思就是 18 座四千公尺山峰。歐洲的最高山峰都屬四千公尺類別，人們為了最高級別的山峰，特別取了這樣的專有名稱。

歐洲的四千公尺山峰

　　歐洲達到四千公尺的山峰，約有 82 座是主峰，46 座為次峰，全部位於阿爾卑斯山脈（ALPS），最高是白朗峰（MONT BLANC，4810 公尺），德洛特峰（LES DROITES，4000 公尺）則剛好進入四千公尺類別，兩座都位於法國。

　　至於瑞士，主峰及次峰合併計算的話，便有 40 多座左右，主要分布在西邊，只有一座在東邊，就是伯連納峰。

豪薩斯位於兩座四千公尺山峰之間

　　3142 公尺的豪薩斯，實則位於兩座四千公尺山峰之間，在這裡能看到最接近的四千尺山峰，假使站在纜車站面向山谷，那麼右手邊是拉金霍恩（LAGGINHORN，4010 公尺），旁邊還有福雷休斯洪峰（FLETSCHHORN，4001/3993 公尺），而左邊是韋斯密斯（WEISSMIES，4023 公尺），計劃攻上左右兩座山峰的攀登者，就會從這裡啟程。

1　← 福雷休斯洪峰（Fletschhorn，4001/3993 公尺）

2　拉金霍恩（Lagginhorn，4010 公尺）

左：山上纜車站，右：步出纜車站，便可見到小小的餐廳

3

韋斯密斯
（Weissmies，4023 公尺）

餐廳裡的旅客可清楚欣賞到韋
斯密斯。靠近小山丘有一條小
路，攀登者便是從這小路出發。
此路盡頭的景風後失，相後竟
再介紹

18 座山峰環形步道

可觀賞到 18 座四千公尺山峰（18 Viertausender）的景色，就是此處的最大賣點之一。旅客們下車後會馬上走到纜車站後的山坡，稱為「薩斯山谷 18 座四千米的高峰」（The 18 Four-Thousand-Metre peaks of the Saas Valley）的環形路線就是從這個山坡開始。

多姆峰（Dom）的展台正面，最上方是取自該山峰的岩石。

山峰小展台帶大家認識每座峰的特點及歷史

不要錯過步道入口的全景相片，是拉開欣賞群峰的序幕，看過後會對每座山峰的外觀及位置有初步概念，然後才拾級而上。一座座小展台散落在山坡的沿途，每座山峰都有專屬的小展台，由大大小小的岩石塊堆疊而成，並掛有展示牌，精簡扼要地說明山峰的特點、歷史、第一次成功登頂資料、攀登路線等，還會指示旅客觀賞的方向；小展台的最上方，更放置了從該山峰收集回來的石塊。

一邊閱讀展台的文字、一邊遠眺山峰

於是乎，18座山峰便有18座小展台，步道長1.4公里，全程約50分鐘，大家就像參加野外定向體驗一樣，在高低起伏小山丘上尋找18個檢查點（Checkpoint），一邊閱讀文字、一邊遠眺山峰，逐一觀賞並深入認識每座四千公尺山峰的獨特之美。

展台後面刻有「Dom」，是18座展台中唯一在背面刻字的，因為它是瑞士國境的最高峯。

左及中：大家都在細心閱讀每座山峰的資料，這趟健行真有意思。右：除了健行，也有人準備在這裡露營，度過一個特別的晚上。

15 座綿延起伏的四千公尺高峰宛如融為一體，一字排開地羅列在遠方。

18　17　16　15　14　13　12　11　10　9　8　7　6　5

美麗又壯觀的視覺錯覺

　　18 座山峰是如何分布的呢？跟「薩斯斐被 13 座四千公尺山峰包圍」的說法一樣，分布在兩個區域，豪薩斯（HOHSAAS）坐落於 3 座四千尺山峰之間，就是第一區，分別是：1. 福雷休斯洪峰（FLETSCHHORN，4001/3993 公尺）、2. 拉金霍恩（LAGGINHORN，4010 公尺）、3. 韋斯密斯山（WEISSMIES，4023 公尺）。

18 座山峰的第二區

　　另一區是重點，涵蓋了 15 座，其中包含最靠近薩斯斐的 11 座：4. DURRENHORN（4034 公尺）、5. HOHBERGHORN（4219 公尺）、6. STECKNADELHORN（4241 公尺）、7. 納德爾峰（NADELHORN，4327 公尺）、8. LENZSPITZE（4294 公尺）、9. 多姆峰（DOM，4545 公尺）、10. 泰施峰（TASCHHORN，4491 公尺）、11. 阿爾普胡貝爾峰（ALPHUBEL，4206 公尺）、12. 阿拉林峰（ALLALINHORN，4027 公尺）、13. 林費什峰（RIMPFISCHHORN，4199 公尺）、14. 施塔爾峰（STRAHLHORN，4190 公尺）。

　　最後的 4 座山峰就在最左邊，包括 15. 北端峰（NORDEND，4609 公尺）、16. 杜富爾峰（DUFOURSPITZE，4634 公尺）、17. ZUMSTEINSPITZE（4563 公尺）和 18. SIGNALKUPPE（4554 公尺），全都屬於橫跨瑞義兩國的瑞士最高峰羅莎峰（MONTE ROSA），杜富爾峰（DUFOURSPITZE）是羅莎峰的最高峰，其餘均為次峰。

　　其實，羅莎峰的位置比那 11 座更遙遠，不過在步道上，卻能看到美麗又壯觀的視覺錯覺，遠距離觀看到全部山體仿似融為一體，15 座綿延起伏的四千公尺高峰，一字排開地羅列在遠方。

走到冰川邊緣欣賞蔚為奇觀的景色

環形路線的最後一段，指引著大家來到最靠近觀賞韋斯密斯山（WEISSMIES）之處，就是前文所說，在此山頭唯一的餐廳中看到的那一條小路。

這條路一點也不簡單，走至盡頭便是 TRIFT GLACIER 的邊緣，我們越深入，越見到大量冰塊凝結在山壁各處，只見冰川融水從上面源源不絕地落下，在岩石間四濺或再凝結，陽光滿滿地灑在各種想像不到的奇特外觀冰體上，異常耀眼，蔚為奇觀。

右再前進的話，就可以離開碎石小路的範圍，真正踏在冰川上。

此時，我們遠眺到冰川上有人橫跨而行，另一邊雪白山坡上亦有三三兩兩正在緩緩上行，FABIAN 指一指便說道，這冰川有兩條熱門路線，第一條是攻上韋斯密斯山頂，從纜車站走到此，再橫過冰川緊接上行，就是攀登韋斯密斯山的最經典路線。

Trift glacier
冰川

冰川健行

　　照片中的圓圈處就是冰川健行者，FABIAN 又說第二條路線，就是橫過冰川後，一直下行至冰川末端，再一段路就能抵達克魯伊芙伯登（KREUZBODEN）纜車站。聽著他的描述，我立即想起我們在聖莫里茲的冰川之旅。

　　TRIFT GLACIER 源頭來自韋斯密斯山，長約 2.5 公里，面積約 2 平方公里，其坡度高達 60%，下流至 2750 公尺便結束。

　　這天，我們雖則沒有繼續前進來一趟冰川之行，但在這裡近距離看到冰川及山峰的景色，已經是大飽眼福，真是此行的驚喜收穫之一。

Trift glacier
冰川

往冰河末端及纜車站的方向

克魯伊茨伯登纜車站

中繼站：完全不輸豪薩斯的景觀

　　纜車帶我們回到克魯伊茨伯登纜車站，那處有專為小孩子而設的遊樂場，可讓他們玩個半天，我們決定在這裡的餐廳享用午餐前，造訪附近的湖泊。

　　繞著湖泊走一走，在湖泊的一邊亦能遠眺到 15 座群峰，雖然因為距離太遠，而使湖泊無法倒映群山，但在對的時機、對的天氣，也可以看到一字排群山配上湖泊倒映著碧藍天空的怡人景色，完全不輸豪薩斯的景觀！

湖上設置竹筏供旅客使用，Fabian 告誡要小心，Jackman 見一位女士輕易橫渡了湖泊，也不信邪去玩，結果翻船收場，鞋襪和褲子濕了一大半，最後赤著腳走進餐廳吃午餐。

Travel Note

曾經是四千公尺的山峰

福雷休斯洪峰（Fletschhorn，4001/3993 公尺），為何此山峰有兩個高度數字呢？最早期測量高度時，此山高度為 3993 公尺，可是在 19 世紀初，國家測量師曾紀錄它高達 4001 公尺，不過多年來官方地圖並沒有採用新紀錄，而且後來的測量也證實此山峰還未達四千公尺。有些專家指出，可能此峰原來高達 4001 公尺，但後來受到侵蝕、冰塊融化等影響，而降低了高度。

之前已說過，在歐洲達到四千公尺的山峰便可以「名聲大噪」，在 1988 年豪薩斯鎮曾申請「回復福雷休斯洪峰的原始高度」計劃，就是在山峰之頂推疊岩石從而提升高度至 4001 公尺。此建議在引起較大爭議，最終州政府也否決計劃。

國家圖書館出版品預行編目 (CIP) 資料

最完美的瑞士之旅 . 2 / 傅美璇文字；文少輝繪畫及攝影 . -- 初版 . -- 新北市：木馬文化出版：遠足文化發行，2017.07
　面；　公分
ISBN 978-986-359-412-3(平裝)

1. 旅遊 2. 瑞士

744.89　　106009146

最完美的瑞士之旅 2

圖・文｜文少輝・傅美璇。總編輯｜陳郁馨。副總編輯｜李欣蓉。特約編輯｜黃薇之。封面設計｜陳宛昀。版面構成｜陳宛昀・黃讌茹。行銷企畫｜童敏瑋。發行人兼出版總監｜曾大福。出版｜木馬文化事業股份有限公司。發行｜遠足文化事業股份有限公司。地址｜231 新北市新店區民權路 108-3 號 3 樓。電話｜(02)2218-1417。傳真｜(02)8667-1891。Email｜service@bookrep.com.tw。郵撥帳號｜19588272 木馬文化事業股份有限公司。客服專線｜0800221029。法律顧問｜華洋國際專利商標事務所 蘇文生律師。印刷｜凱林彩印股份有限公司。初版｜2017 年 07 月。定價｜540 元